AF561009

LES ARTISTES FACE À LA CENSURE

La naissance de la peinture moderne en Allemagne

Histoires et Idées des Arts

Collection dirigée par Bruno Péquignot

Cette collection accueille des essais chronologiques, des monographies et des traités d'historiens, critiques et artistes d'hier et d'aujourd'hui. À la croisée de l'histoire et de l'esthétique, elle se propose de répondre à l'attente d'un public qui veut en savoir plus sur les multiples courants, tendances, mouvements, groupes, sensibilités et personnalités qui construisent le grand récit de l'histoire de l'art, là où les moyens et les choix expressifs adoptés se conjuguent avec les concepts et les options philosophiques qui depuis toujours nourrissent l'art en profondeur.

Dernières parutions

Jean-François DUVAL, Vanessa VARVENNE, *Edgar Degas,* Le grand rabbin Astruc et le général Mellinet *(1871). Parcours d'une œuvre*, 2021.
Luca NANNIPIERI, *À quoi sert l'histoire de l'art,* 2021.
Sophie O'CONNOR, *Les paysages de Giovanni Segantini*, 2021.
Olivier DESHAYES, *James Tissot, peintre de la vie moderne (1836-1902),* 2021.
Martine HEREDIA, *Antonio Saura, une peinture de l'excès,* 2021.
Bernard PAILHES, *Michel-Ange et Sinan. Un rendez-vous manqué ?* 2021.
Lou BAUDILLON COUTET, *Ishikawa Mao, photographe d'Okinawa*, 2021.
Camille Laura VILLET, *Les aventuriers de l'abstraction. Au tournant des XIX*[e] *et XX*[e] *siècles, une autre histoire semblait possible. Et si elle l'était encore…*, 2020
Marie-Hélène HÉRAULT-BIBAULT, *De l'architecture à l'écologie. La dynamique créative de Hundertwasser (1928-2000) au prisme de ses écrits,* 2020.
Marie-Hélène HÉRAULT-BIBAULT, *Peinture, tapisseries, timbres, estampes. La dynamique créative de Hundertwasser (1928-2000) au prisme de ses écrits,* 2020.
Marie-Hélène HÉRAULT-BIBAULT, *Empreintes, influences et emprunts. La dynamique créative de Hundertwasser (1928-2000) au prisme de ses écrits*, 2020.

Bernard Verdier

LES ARTISTES FACE À LA CENSURE

La naissance de la peinture moderne en Allemagne

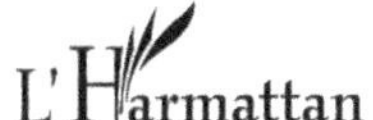

Du même auteur

L'entreprise multinationale face au droit (co-auteur),
Paris, Librairies Techniques, 1976.

Ivory Coast, The Challenge of Success (co-auteur),
Baltimore and London, The Johns Hopkins University Press, 1978.

Daniel Favre, Sculpteur,
Chambéry, Galerie Ruffieux-Bril, 2017.

La peinture des années 1950 en France ou l'école de Paris,
Chambéry, Galerie Ruffieux-Bril et Quai des Arts, 2017.

L'art désenchanté.
Essai sur les origines de l'esthétique contemporaine,
Paris, L'Harmattan, 2021.

5-7, rue de l'Ecole-Polytechnique, 75005 Paris
http://www.editions-harmattan.fr
ISBN : 978-2-343-25495-1
EAN : 9782343254951

Avant-propos

Le livre que nous proposons ici n'est pas une histoire de la peinture allemande au sens habituel du terme. Il se concentre, en effet, sur une période historique limitée dans le temps, le règne de Guillaume II (1888-1918) - en fait la période critique du développement de la peinture moderne en Europe - et sur un point généralement négligé de l'histoire de l'art : à savoir comment le procès de création artistique a-t-il été altéré par la censure ? Dans ce contexte nous explorerons la question suivante : la censure impériale instaurée par Guillaume II sur les artistes peintres a-t-elle agi potentiellement sur leurs styles et quelles stratégies les artistes ont-ils adoptées, quand ils le pouvaient, pour la contourner ? En un mot, comment la censure a-t-elle interféré avec la scène artistique allemande et en particulier avec l'avènement de la peinture moderne en Allemagne au tournant du XXe siècle ?

Pourquoi prendre l'exemple de l'Allemagne de Guillaume II, et non celui de l'URSS ou de l'ancienne République démocratique allemande (RDA), pour traiter des conséquences de la censure sur le développement de la peinture alors que la censure qu'ont exercée ces pays sur le monde artistique est notoirement connue comme extrême ? C'est tout d'abord une question de proximité culturelle. La peinture allemande nous parle beaucoup plus que celle pratiquée en Russie par *Les Ambulants* ou même par les constructivistes dont il reste peu d'œuvres authentiques et disponibles. C'est aussi, et surtout, une question de recul historique et de qualité de l'information. On connaît peu de choses de la répression stalinienne qui mit fin aux expériences de l'école d'art de Moscou, *Vhutemas*, créée après la révolution de 1917. On connait aussi assez mal, bien que les choses dans ce domaine évoluent rapidement, l'attitude des artistes d'Allemagne de l'Est vis-à-vis de la censure qui les surveillait étroitement (certains artistes n'étaient-ils pas eux-mêmes membres de la *Stasi*, l'équivalent allemand du KGB ?).

L'Allemagne de Guillaume II, par contre, offre un champ d'études assez large ainsi que le recul historique nécessaire pour interroger à nouveaux frais les conséquences de la censure impériale sur la vie culturelle et ses travaux. Nous disons à nouveaux frais, car la peinture allemande au tournant du XXe siècle a souvent été comparée, à son désavantage, à la peinture française. On en a fait des gorges chaudes. Mais a-t-on réfléchi au poids de la censure exercée par les autorités sur les artistes qui conduisit certains d'entre eux, et non des moindres, à restreindre volontairement l'ampleur de leurs expressions picturales ?

De plus, et c'est là le cœur de l'ouvrage, la force créatrice ne peut, au même titre que la liberté, être longtemps bridée. C'est aux stratégies d'évitement, aux ruses et louvoiements diplomatiques des artistes pour faire reconnaitre leurs travaux et pour contourner la censure que cet ouvrage est essentiellement consacré. Nous verrons que la combinaison de ces éléments de défense tisse un schéma très proche de nos stratégies modernes d'évitement des conflits. Si l'on considère le poids de la censure sous Guillaume II, les efforts de toutes sortes entrepris par les artistes pour l'alléger, on pourra, sans doute possible, en conclure que l'introduction de la peinture moderne dans cette Allemagne de la fin du XIXe

siècle et du début du XXe siècle a été un véritable tour de force. Et qui plus est, le combat des artistes contre la censure et en faveur du développement de l'art moderne dans l'Allemagne wilhelmienne prend, par les moyens qu'il utilisera, un aspect universel.

On pourrait considérer ces questions comme ésotériques et finalement sans grande importance dans l'appréciation de l'évolution générale de l'histoire de l'art allemand. Mais il y a danger à n'évaluer les choses que de très haut. Ainsi, les auteurs de l'exposition du Louvre de 2013, *De l'Allemagne, de Friedrich à Beckman*[1], estimaient que la peinture allemande s'était engagée de longue date dans une évolution quasiment déterministe qui, centrée sur des questions d'identité, aurait débouché sur le nazisme. Cette lecture a été, à juste titre, contestée. Elle est le résultat d'une vision purement théorique de l'évolution de cette peinture. Une vision qui se refuse à creuser la réalité de la vie des artistes au quotidien comme quelque chose qui serait trop commun pour être digne d'attention. Ainsi, dans l'index des noms cités de cette exposition, on n'y trouve ni Fritz von Uhde, ni Max Slevogt, ni Max Klinger, ni Karl Schmidt-Rottluff, ni Ernst Ludwig Kirchner. Pourtant, tous se sont battus pour la reconnaissance de la modernité. Ils furent avec d'autres, comme nous le montrerons, la chair et le sang de cette lutte pour faire éclore un autre art allemand. C'est au cœur même de cette bataille que se dessine le développement de l'art allemand au tournant du XXe siècle et non pas seulement dans l'espace de considérations théoriques et idéologiques. Jacqueline Lichtenstein dénonçait ces abus de théorisation dans son ouvrage *Les raisons de l'art*[2], en prenant fermement parti pour ce que

---

[1] *De l'Allemagne, de Friedrich à Beckmann*, Paris, Musée du Louvre, 2013.

[2] Jacqueline Lichtenstein, *Les raisons de l'art : Essai sur les théories de la peinture*, Paris, Editions Gallimard, 2014.

disent les peintres de leur art contre ce qu'en disent certains historiens d'art. Il en est de même dans cet ouvrage, c'est le combat des artistes que nous décrivons et non l'histoire de présupposés idéologiques.

Comme la plupart des œuvres mentionnées dans cet ouvrage peut se trouver facilement sur Internet, notre texte ne contient aucune illustration.

Toutes les traductions d'ouvrages en langue anglaise et allemande sont de l'auteur. Dans la mesure où des termes anglais et allemands avaient déjà été traduits et acceptés dans l'usage courant, nous les avons conservés. Il en est ainsi de l'expression : *du Blaue Reiter* qui, en respectant la langue allemande, devrait s'écrire de différentes façons en fonction du contexte grammatical.

Introduction

Pour les artistes de tous pays, faire connaître leurs travaux et suggérer d'autres manières de voir le monde a toujours été un combat quotidien. Un combat personnel d'abord, où chacun au milieu de ses doutes, de ses réussites et de ses échecs, se fraye un chemin vers la reconnaissance du public - lorsqu'elle advient - et un combat, plus global celui-ci, mais tout aussi éprouvant que le premier, où l'artiste se confronte aux pesanteurs et interdits de la société dans laquelle il évolue.

Le combat personnel de l'artiste, ce combat avec l'ange comme le caractérise Jean Bazaine dans son ouvrage *Ecrits sur la peinture,* est suffisamment et éloquemment décrit par de nombreux artistes pour qu'il soit utile d'y revenir ici. Par contre, le combat de ceux qui se placèrent à l'avant-garde des mouvements artistiques en refusant l'académisme, ses injonctions et la compromission avec les institutions qui le promouvaient, a rarement été considéré par les historiens d'art comme un élément structurant des activités de l'avant-garde artistique. Seule la contribution théorique de ces mouvements à l'histoire de l'art a retenu leur attention. Pourtant, la création artistique ne peut être détachée de l'environnement matériel qui l'a vu naître. Si l'influence engendrée par les conditions sociales sur la création artistique a souvent été analysée, les pressions institutionnelles exercées sur les artistes et la façon dont ces derniers ont résisté, quitte pour certains à modifier leur style, ont rarement fait l'objet d'analyses détaillées.

On connaît bien évidemment le cas de Gustave Courbet qui s'est opposé à la politique des Salons de l'Empereur Napoléon III, mais finalement sans grandes conséquences personnelles (c'est plutôt son implication réelle ou supposée dans le renversement de la colonne Vendôme qui lui valut des ennuis), on connaît aussi mieux depuis les travaux de Laurence Bertrand-Dorléac[1] la manière dont les artistes français ont résisté aux diktats de la politique culturelle allemande durant l'occupation de la France. Par contre, on sait encore peu de choses de la résistance des artistes russes, héritiers du constructivisme, à la politique brutale de Staline ou de celle des artistes de la RDA à l'embrigadement des esprits.

De même, la résistance acharnée que les artistes allemands ont dû opposer à l'Empereur Guillaume II et à sa politique culturelle rétrograde pour s'émanciper d'un académisme que ce dernier, les institutions culturelles qu'il créa et le personnel obtus qu'il mit à leurs têtes, ont voulu leur imposer, n'a été que partiellement étudiée si ce n'est qu'au travers des différentes *Sécessions,* l'équivalent allemand de tous les Salons non officiels français. Or si un Courbet pouvait s'opposer à Napoléon III en matière artistique, personne en Allemagne ne pouvait se dresser contre la politique culturelle de l'Empereur allemand sans conséquences.

C'est que l'Empire allemand, le résultat de la réunion de petites principautés - à l'exception du grand Royaume de Prusse (Guillaume II en était le Roi) dont le poids était prépondérant dans ce nouvel assemblage - était à l'arrivée

---

[1] Laurence Bertrand-Dorléac, *Histoire de l'Art, Paris 1940-1944, Ordre National, Traditions et Modernités*, Paris, Éditions de la Sorbonne, 1986.

au pouvoir de Guillaume II en 1888 de création récente (1871). Afin d'unifier ces anciens États longtemps indépendants et de traditions culturelles différentes, l'Empereur et son Chancelier Otto von Bismarck considéraient comme de première importance d'unifier l'Empire par le biais d'une politique culturelle ancrée dans les grandes traditions picturales allemandes, celles de Lucas Cranach, *le plus allemand des allemands*[2], d'Albrecht Dürer, de Hans Holbein ou de Caspar David Friedrich, peintre romantique allemand que l'Empereur appréciait particulièrement. On comprend alors que toute tentative de vouloir proposer au public allemand une vision artistique du monde différente de celle de l'Empereur et, en particulier celle que véhiculait l'art moderne, était tout simplement un acte politique et non pas seulement un acte artistique.

L'art allemand sous Guillaume II a souvent été brocardé. Et cela n'est pas sans raison quand on compare les créations picturales allemandes de cette période avec celles de la même période à l'étranger, en France en particulier. Alors que dans notre pays l'impressionnisme finissait, que le néo-impressionnisme le remplaçait, que le fauvisme et le cubisme lui succédaient, l'art pictural allemand ne pouvait se prévaloir d'autre chose que de peintures d'un impressionnisme étriqué et d'un symbolisme attardé. Et pourtant, les artistes allemands étaient conscients des révolutions esthétiques qui se développaient à l'extérieur de leur pays. Les échanges entre artistes allemands et français étaient nombreux comme l'étaient les relations entre galeristes allemands et français.

Si les artistes allemands n'ont pu s'inscrire dans cette vague de renouveau esthétique qui touchait toute l'Europe, c'est essentiellement en raison de cette politique culturelle

---

[2] Richard Muther, *Geschichte der Malerei*, Leipzig, Konrad Grethlein's Verlag, 1909, Vol. II, p. 182.

impériale qui rejetait avec force tout ce qui, de près ou de loin, ressemblait à un renouveau esthétique. Comment alors se débarrasser de ce carcan sans antagoniser l'Empereur et en même temps développer un art nouveau et en vivre ? C'est tout l'objet de ce livre de décrire, souvent dans le détail, les obstacles auxquels se heurtèrent les artistes d'avant-garde et les stratégies qu'ils suivirent pour contourner ces difficultés pour finalement rayonner sur la scène internationale avec des mouvements aujourd'hui aussi célèbres que l'expressionnisme ou *Der Blaue Reiter* (Le cavalier bleu). La victoire de ces peintres sur l'oppression culturelle ne sera jamais totale, mais suffisante toutefois pour que l'avant-garde puisse s'exposer et même atteindre la reconnaissance d'un public averti. Mais il faudra attendre les années 1912/1914 pour voir se développer sans crainte l'art moderne. C'est à cette date que se terminera notre étude car l'art allemand, désormais libre de ses développements, n'aura plus à rougir de ses créations.

CHAPITRE I

L'Allemagne fin de siècle

Bien que l'objet de notre étude porte sur une période limitée de l'histoire de l'art allemand - environ 25 ans si l'on exclut la période des hostilités (1914-1918) - on ne peut isoler celle-ci du développement général de l'art allemand qui va de l'académisme et de l'éclectisme des années 1850 à la libération des styles à la veille de la Seconde Guerre mondiale. Même si la pression exercée sur les artistes par la politique culturelle impériale fut pratiquement inexistante jusqu'à l'avènement de Guillaume II, les artistes se trouvèrent néanmoins embarqués dans un mouvement général de questionnements artistiques ancré dans les changements politiques, économiques et sociaux brutaux qui caractérisèrent l'Allemagne de la fondation de l'Empire à 1914 et qui ne manqueront pas de susciter de leur part de vives réactions.

Cependant, la confrontation entre l'art et l'administration impériale ne prit que très rarement une forme politique, c'est-à-dire, celle d'une critique ouverte des autorités doublée d'un engagement politique. Les artistes furent plutôt sensibles aux conséquences des changements sociaux qui affectaient l'Allemagne. Aussi, cette confrontation ne se traduisit-elle jamais par la diffusion de brulots politiques comme ce fut le cas dans d'autres pays[1], mais plutôt par la production d'œuvres fortes, souvent centrées sur des questions qui agitaient à l'époque la conscience allemande et qui, pour certaines d'entre elles, sont, à nos yeux de modernes, totalement impénétrables.

L'expressionnisme allemand est le meilleur exemple de cette retenue des artistes. Il fut selon le mot de Jean-Michel Palmier « une révolte »[2] qui toucha tous les arts : la littérature, la poésie, le théâtre, la peinture, le cinéma, etc. Et cette révolte épousa toutes les formes de contestation pacifique de l'ordre établi : les cafés littéraires où poètes et écrivains lisaient ou hurlaient leurs textes de jour comme de nuit (le plus célèbre de ces lieux était le *Neopathetisches Cabaret* fondé en 1910), la publication dans des journaux et revues assez confidentiels de poèmes et essais radicaux ou l'engagement dans une vie de bohème, la palme revenant certainement à la poétesse Else Lasker-Schüler dont les habits et les maquillages extravagants préfiguraient les *Punk.* Ses errances dans les lieux les plus mal famés de Berlin n'avaient rien à envier à la « dérive » dont le mouvement *situationniste* s'approprie la paternité[3]. Pourtant, on serait bien en peine de trouver dans ces expressions de contestation de l'ordre établi un pamphlet qui aurait la force de celui de Filippo Tommaso Marinelli appelant dans son manifeste fondateur du mouvement futuriste italien à brûler les musées. Le manifeste de *Die Brücke*, le premier mouvement radical de l'expressionnisme en

---

[1] On songe à la France avec, par exemple, l'affaire Dreyfus et l'engagement politique d'Emile Zola.

[2] Jean-Michel Palmier, *L'expressionnisme comme révolte*, Paris, Editions Payot, 1978.

[3] Patrick Marcolini, *Le mouvement situationniste, une histoire intellectuelle*, Montreuil, Éditions de l'Echappée, 2012, p. 56 et suivantes.

peinture, semble en comparaison extrêmement sage et convenu[4].

Un autre exemple, même s'il sort du cadre temporel étudié, est celui de la création du *Bauhaus* à Weimar en 1919, et surtout son maintien quasi miraculeux compte tenu de l'ambiance de l'époque jusqu'en 1933. Tout l'effort de son fondateur, Walter Gropius, pour maintenir son école à flot fut de lutter chaque jour contre les coups de boutoir du radicalisme politique de droite comme de l'ultra gauche, à l'intérieur comme à l'extérieur de l'école. Ses successeurs y consacrèrent aussi le meilleur de leurs forces jusqu'à ce que les nazis ferment définitivement l'école en 1933. Ironie de l'histoire, l'héritage du *Bauhaus* dont la composante apolitique fut, comme nous venons de le voir, une de ses caractéristiques les plus fortes, fut dans les années 1950 l'objet de luttes politiques comme le révèlent les tentatives de récupération de son œuvre par la RDA qui considéra d'abord l'école comme un exemple de lutte contre le fascisme avant d'en faire, plus tard, un foyer réactionnaire[5]. De même, on ne peut citer aucun texte du *Bauhaus* où celui-ci s'en prendrait violemment aux autorités constituées ou ferait preuve d'un quelconque prosélytisme révolutionnaire. Encore une fois la force de ce mouvement se trouvait dans le radicalisme de sa conception de l'éducation et dans la production d'œuvres

---

[4] Il conviendrait de noter que si l'expressionnisme a laissé de nombreuses œuvres, il a très peu théorisé ses travaux. Cela contraste fortement avec la situation française, par exemple, où chaque nouveau mouvement a été presque immédiatement théorisé. Ainsi en est-il du cubisme ; qu'on songe à l'ouvrage d'Albert Gleizes et de Jean Metzinger, *Du Cubisme*, 1912, ou à celui de Daniel-Henry Kahnweiler, *Der Weg zum Kubismus*, 1915.

[5] Karl-Heinz Hüter, *Das Bauhaus in Weimar*, Berlin, Akademie Verlag, 1976. Ce dernier estime que le *Bauhaus* a causé sa propre perte en refusant de s'inscrire dans le mouvement révolutionnaire des années 1920.

qui domineront le XXe siècle sous la forme d'un style qualifié d'international.

Quelles conclusions peut-on tirer de ces deux exemples que l'on pourrait bien sûr multiplier ? Essentiellement que l'art allemand, jusqu'à l'arrivée des nazis au pouvoir, ne s'est jamais voulu politique. Il en est différemment de nos jours où l'art contemporain est à la pointe des dénonciations du silence longtemps gardé par les autorités sur le passé de la nation allemande[6]. Cette attitude réservée des artistes d'alors, qui peut tenir à un certain pragmatisme tendant à éviter toute confrontation directe avec le pouvoir en place, est sans doute l'élément essentiel qui a permis à ceux qui furent confrontés à l'intransigeance de Guillaume II de contourner d'une manière effective la résistance qu'il opposait à toutes les manifestations de l'art moderne.

Aperçu de la situation économique, politique et sociale de l'Allemagne de la fin du XIXe siècle au début de la Première Guerre mondiale

Une croissance économique sans pareille

Pour comprendre l'évolution de la peinture en Allemagne au cours de cette période, il nous semble nécessaire de planter le décor économique, politique et social qui servit de fond à son développement. Qu'est-ce donc que l'Allemagne autour de 1900 ? En une phrase : une puissance économique de premier plan mais dont le système politique était à bout de souffle, incapable

---

[6] Jean-Louis Georget et Guillaume Robin, *L'art contemporain : miroir de l'identité allemande,* Paris, Éditions P.U.F. Revue, *Allemagne d'aujourd'hui*, N° 186, octobre-décembre 2008.

d'accompagner par des réformes nécessaires les forces vives qu'il avait lui-même libérées.

Cette puissance économique s'exprime d'abord dans la fulgurante croissance économique allemande entre 1871 et 1914. Celle-ci constitue un véritable marqueur du développement du pays au point que l'on pourrait parler, si l'on considère le caractère profondément rural de l'Allemagne en 1870 qui laissa le champ libre à une industrialisation rapide, d'un *avantage de l'arriération* selon le concept développé par l'économiste Alexander Gerschenkron[7]. Cet avantage l'aurait ainsi propulsée au premier rang des puissances mondiales en 1914. Certes, ce « miracle » de croissance a connu de sérieux à-coups, particulièrement entre 1873 et 1895, période de forte dépression, mais dans l'ensemble les chiffres sont saisissants.

Ainsi en est-il d'abord de la population. Entre 1871 et 1914, la population allemande augmenta de près de 65 %, passant de 40.9 millions d'individus en 1871 à 67.8 millions en 1914. Dans le même temps, la population française crût de 11 % : 37.5 millions d'habitants en 1871, 41.6 millions d'habitants en 1914. Le plus impressionnant, cependant, reste la vitesse avec laquelle l'Allemagne, pays qui avant son unification en 1871 avait été à peine touché par la révolution industrielle, rattrapa son retard. En 1871, la production industrielle de l'Allemagne était comparable à celle de l'économie française, en 1895 comparable à

[7] Alexander Gerschenkron, *Bread and Democracy in Germany*, University of California Press, 1989. Cet économiste a suggéré qu'un pays peu développé qui a soudain accès à des ressources financières importantes se trouve doté d'un avantage de croissance dans la mesure où il peut immédiatement acquérir des technologies de pointe. C'est aujourd'hui le cas de la Chine qui, dans le domaine de l'automobile, a sauté en grande partie l'étape du moteur thermique pour s'engager dans le moteur électrique.

celle de la Grande-Bretagne et, en 1914, l'Allemagne était la plus grande puissance industrielle de l'Europe, la seconde au monde derrière celle des États-Unis[8].

Cette croissance de l'économie allemande s'effectua selon un schéma assez classique. Son moteur en fut l'essor de l'agriculture dont les réformes de structure de 1807 à 1811 et l'intensification de la mécanisation conduisirent à une forte hausse de la productivité entraînant à la fois de larges surplus agricoles exportables sur les marchés mondiaux et un excédent de main-d'œuvre disponible pour l'industrialisation à venir. Cet essor de l'agriculture profita d'abord aux *Junker* : aristocrates prussiens et grands propriétaires terriens, occupant en général un grade élevé dans l'armée. Ils en retirèrent un renforcement de leurs possessions domaniales par un rachat accéléré des terres aux petits propriétaires fonciers[9] et surtout un renforcement de leur capacité financière et donc, en dernier ressort, de leur influence politique.

À l'inverse, de nombreux petits exploitants et ouvriers agricoles durent quitter leurs terres pour chercher fortune ailleurs. En raison de la diminution des postes de travail dans l'agriculture, plus de 2 millions de personnes allèrent travailler dans les villes entre 1850 et 1870. À ceci vint s'ajouter (sans qu'on puisse dire s'il s'agit exclusivement d'une population d'origine rurale) une forte émigration interne qui contribua aussi à la croissance urbaine : 400.000 personnes entre 1871 et 1875 et pratiquement 2

[8] Les données économiques mentionnées dans cette partie de l'ouvrage proviennent essentiellement de deux sources :
-Hans-Ulrich Wehler, *Das Deutsche Kaiserreich : 1871-1918*, Göttingen, VR Kleine Vandenhoeck-Reihe, 1994.
-Hajo Holborn, *A History of Modern Germany*, NewYork, Edition Alfred A. Knoff, 1968.

[9] Ainsi entre 1815 et 1890, la taille moyenne des propriétés des *Junker* s'accrut de 65 %.

millions entre 1876 et 1896. Le flot d'émigration se tarit substantiellement après 1895 en raison de la forte croissance économique entre 1895 et 1914.

Du fait de ces évolutions, la structure socioprofessionnelle du marché de l'emploi se modifia profondément. Ainsi en 1882, 42.5 % des Allemands étaient employés dans l'agriculture, la sylviculture et la pêche et 35.5 % dans l'industrie, les mines et la construction. En 1907, ces chiffres s'inversent : 42.8 % de la population travaillait dans l'industrie et les activités similaires et seulement 28.6 % dans l'agriculture et les activités connexes. On ne pourrait mieux souligner le basculement rapide d'un pays à dominante rurale vers un pays à dominante industrielle.

Le corollaire de cette inversion de tendance fut le bouleversement du rapport ville/campagne. Alors qu'en 1871, 63.9 % des Allemands vivaient dans des hameaux de moins de 2.000 habitants, ce nombre s'effondra à 39.9 % en 1914. Ce changement structurel affecta en priorité les grandes villes. Ainsi, en 1871, on comptait 8 villes de plus de 100.000 habitants ; en 1910, on en dénombrait 48. Dans ce contexte, Berlin exemplifie cette brutale montée en puissance de la population des villes. En 1861 on y recensait 529.000 habitants, en 1871 on en dénombrait 824.000 et deux ans plus tard la population de Berlin atteignait le chiffre de 900.000. En 1877 le million était dépassé et à la veille de la Première Guerre mondiale, Berlin comptait 2.1 millions d'habitants (3.7 millions avec sa banlieue), soit une population équivalente à celle de Paris. De 1871 à 1914, donc en un peu plus de 40 ans, la population de la ville triplait, soit une croissance linéaire constante d'environ 5 % par an !

Pour accueillir cet afflux de population, il était nécessaire que la capacité d'absorption des villes soit renforcée par un apport proportionnel d'infrastructures (habitat, voirie, électricité, écoles, santé et autres). Et c'est le second volet de ce miracle allemand : l'industrialisation de l'Empire à marche forcée.

On sait que ce qu'il est convenu d'appeler la « révolution industrielle » a tout d'abord commencé en Grande-Bretagne à la fin du XVIIIe siècle. C'est l'industrie textile et sa mécanisation qui entraîna de profonds changements structurels de l'économie de la Grande-Bretagne et propulsa celle-ci à la fin du XIXe siècle à la première place des nations industrielles, place que vint lui ravir l'Allemagne au début du premier conflit mondial. L'essor de l'industrie allemande, en comparaison, commença relativement tard et dans un tout autre domaine. C'est en effet le développement du chemin de fer qui fut dans les années 1840 à l'origine du processus d'industrialisation.

Au cœur de ce processus se trouve le système bancaire allemand qui, alimenté par l'argent des larges surplus agricoles (dont la contrepartie financière était déposée en banque par les *Junker*), ne se contenta pas seulement d'un rôle d'intermédiation financière (c'est-à-dire de financer l'économie par le biais de prêts garantis par les actifs des investisseurs) mais investit aussi directement dans les secteurs qui lui semblaient les plus profitables. Le développement ferroviaire comptait parmi ceux-ci[10]. Ainsi en 1850, l'Allemagne comptait 5.853 kilomètres de lignes ; en 1890, 42.053 kilomètres et en 1910, 59.362 kilomètres, soit une multiplication par dix du kilométrage de lignes posées en 60 ans ! Comme le textile pour l'Angleterre, cette croissance des réseaux de transports, condition sine qua non d'une intégration territoriale

---

[10] Fritz Stern, *L'or et le fer, Bismarck et son banquier Bleichröder*, Paris, Éditions Fayard, 1990, p. 214.

réussie du nouvel Empire allemand, entraîna la croissance de l'industrie de l'acier, du charbon nécessaire à sa production et de l'industrie mécanique. Quelques chiffres donnent à voir l'ampleur du phénomène. En 1913 l'Allemagne produisait 191.5 millions de tonnes de charbon comparées à 40.8 millions en France. En 1900 la production d'acier de l'Allemagne était le double de celle de l'Angleterre. Mais l'industrie lourde ne fut pas la seule concernée. Les industries électriques et chimiques connurent une croissance massive dès 1880. En 1914 l'Allemagne était en tête de toutes les nations pour la fabrication de produits pharmaceutiques et fournissait au monde environ 50 % de tous les équipements électromécaniques. Ces succès, l'Allemagne les doit aussi à la politique de son gouvernement qui privilégia la constitution de larges monopoles (les cartels) dans certains secteurs stratégiques, favorisa la libre concurrence dans les autres secteurs et élimina les barrières douanières pour stimuler les exportations.

Des dégâts sociaux sans pareils

Si ces statistiques peuvent sembler ennuyeuses et froides, elles révèlent cependant toute une série de bouleversements qui pour les Allemands de la fin du XIXe siècle prenait la forme d'une réalité souvent cruelle et qu'ils pouvaient, pour ainsi dire, toucher du doigt. On pourrait comparer ces bouleversements avec ceux apportés de nos jours par la révolution digitale qui rejette de plus en plus en marge de la société des populations qui, pour des raisons d'âge ou de revenu, ne peuvent accéder à ces nouvelles technologies.

Ainsi, si nous avons tant insisté sur la croissance urbaine, c'est que le thème de la métropole bourgeonnante, tentaculaire et nécessairement réceptacle des misères et des perversions du monde sera un sujet récurrent de l'art allemand pour en dénoncer l'abjection. De même, et nous l'avons déjà souligné, la croissance de l'économie urbaine fut la conséquence du dépeuplement brutal des campagnes. Toute une partie de la vie traditionnelle du peuple allemand s'effondra dans ce mouvement. La nostalgie d'une nature pure où l'homme vivrait en harmonie avec elle sans l'exploiter intensément a été fortement ressentie par de nombreux individus et en particulier par un homme tel que Hermann Hoffmann Fölkersamb qui initia en 1895 le mouvement *Wandervögel* (les oiseaux voyageurs) qui incita, non sans succès, la jeunesse à rompre avec les habitudes bourgeoises et à vivre simplement en se rapprochant de la nature. Cette nostalgie sera aussi au fondement de la création de nombreuses colonies d'artistes, formelles comme celle de Worpswede (que fréquenta Paula Modersohn-Becker), ou informelles comme celle constituée par le groupe *Die Brücke*.

Enfin, loin de profiter à toutes les classes sociales, cette forte création de richesse se concentra dans les mains d'une petite élite. Hans-Ulrich Wehler[11] estime que la répartition des revenus en Allemagne à la fin du XIXe siècle était devenue si inégalitaire qu'en 1914 l'allemand moyen, pourtant citoyen de la nation la plus riche du monde après les États-Unis, n'était pas aussi financièrement à l'aise que ses contemporains anglais ou français. Ces différences accentuées de statut social qui ne semblaient laisser à l'individu que le choix entre la misère ou l'aliénation totale à des valeurs matérialistes entraînèrent chez de nombreux artistes un véritable traumatisme existentiel qui se refléta dans leurs créations

---

[11] Hans-Ulrich Wehler, *Das Deutsche Kaiserreich : 1871-1918, op. cit.* p. 53.

artistiques. Mais les artistes n'étaient pas les seuls à en souffrir : les classes moyennes, qui bénéficiaient en partie du boom économique, ne supportaient plus le mépris dans lequel l'élite les tenait et les classes populaires acceptaient de plus en plus difficilement leur situation de travailleurs pauvres dans une économie florissante.

Ces tensions qui parcouraient la société allemande de la fin du XIXe siècle ne trouvaient aucun exutoire dans la structure politique en place. Bien au contraire. L'Empereur Guillaume II, plutôt que d'ajuster les institutions aux aspirations et revendications des classes émergentes, y répondit par l'excès de contrôle et de contrainte. On peut résumer ainsi le contexte politique de cette époque (nous renvoyons le lecteur intéressé par un exposé plus détaillé de la situation politique en Allemagne à l'Annexe du présent ouvrage) : effrayé par la Révolution française de 1848 qui, après avoir déstabilisé la Prusse, semblait gagner beaucoup d'autres pays d'Europe, le Roi de Prusse, Frédéric Guillaume IV, après avoir maté la rébellion dans son Royaume avec l'aide de l'armée, c'est-à-dire des *Junker*, donna à son pays une constitution proche de celle adoptée par la Belgique en 1830. Cette constitution octroyait des droits importants aux individus, reconnaissant la liberté de culte, des opinions politiques et d'association. Elle instaurait une représentation nationale avec deux chambres : la chambre haute « Herrenhaus » et la chambre basse « Reichstag » ainsi que des gouvernements locaux issus du suffrage universel direct. Cependant, et c'est là le point crucial, elle laissait une place prépondérante à la monarchie. Guillaume I, et à sa suite son fils Guillaume II, ne cessèrent, avec l'appui des *Junker* et de la bourgeoisie conservatrice, d'enfreindre les droits octroyés par cette constitution aux sujets de l'Empire.

Une armée sans pareille

Guillaume II devint Empereur d'Allemagne en juin 1888. C'est le temps où cette génération d'artistes qui allait révolutionner l'art en Allemagne vint au monde. Or, que trouva-t-elle dans son berceau ?

Du côté de l'économie, certes une Allemagne puissante, un géant économique mais qu'il l'était devenu en si peu de temps que toute une population en avait perdu ses repères. Cette population en grande partie déracinée, jetée dans des villes devenues tentaculaires, enfermée dans des sinistres blocks d'habitation (les casernes locatives) avec le minimum de confort, privée de droits syndicaux et vivotant misérablement, était privée de tout espoir économique.

Du côté politique, cette même population voyait se dresser devant elle, en premier lieu, une caste militaire, suppôt indéfectible de l'Empire et prête à mater toute rébellion comme elle l'avait fait en 1848 ; ensuite, une classe bourgeoise riche ou immensément riche qui soutenait sans état d'âme la monarchie ; enfin, une administration arrogante à la main d'une élite politique immature qui, à défaut de solutions pour combler l'écart grandissant entre les aspirations populaires et le pouvoir, se réfugia dans un autoritarisme exacerbé.

Pour tenter d'éradiquer de potentielles sources de conflits sociaux, l'administration impériale octroyait au peuple de véritables « jeux du cirque ». Ainsi, l'Empereur faisait-il constamment défiler, dans les rues de Berlin, compagnies et régiments à la tête desquels il plastronnait dans des uniformes sans cesse différents et plus chamarrés les uns que les autres. Il inaugurait les monuments les plus pompeux, comme cette série de statues à la gloire des Hohenzollern (la lignée de Guillaume II) implantée dans l'Allée de la Victoire. Le ballet constant de cérémonies patriotiques, les démonstrations militaires régulières et les inaugurations de toutes sortes visaient à entretenir l'enthousiasme pour la monarchie et surtout à convaincre les récalcitrants que l'avenir appartenait à ceux qui embrassaient aveuglément ses objectifs et ses moyens.

Une anecdote mérite ici d'être contée tant elle résume parfaitement l'état d'esprit qui régnait à cette époque. Il s'agit de l'histoire du capitaine de Köpenick[12]. Le 16 octobre 1906 se présentèrent au début de l'après-midi dans l'hôtel de ville de Köpenick un capitaine et dix soldats. Ils bloquèrent toutes les sorties de l'hôtel, ordonnèrent à la police locale d'empêcher l'accès à l'immeuble, et arrêtèrent, sur l'ordre de l'Empereur, le maire, le trésorier et le secrétaire général. Ils envoyèrent les deux premiers sous bonne garde à Berlin, pillèrent la caisse où se trouvaient 3.557,45 marks et disparurent. Les soldats étaient authentiques, l'ordre un faux et le capitaine un usurpateur.

Le journal *Berliner Volkszeitung* du 17 octobre 1906[13] commentait ainsi l'événement dans son édition du soir : *L'escroquerie de Köpenick se présente comme une brillante illustration de ce que l'esprit militariste, poussé à son paroxysme, peut engendrer de pire. La leçon est parfaitement claire : en Prusse, habille-toi en gradé et tu seras tout-puissant. L'uniforme est un sésame qui t'ouvrira toutes les portes. Les militaires que tu rencontreras dans la rue seront à ta disposition. L'hôtel de ville de n'importe quelle cité fera l'affaire pour perpétrer ton forfait. Tu pourras l'occuper sans résistance. Tu pourras arrêter qui bon te semble. Tu pourras prendre tout l'argent disponible et surtout tu pourras partir sans être inquiété. Un braquage comme le ferait un vulgaire casseur de coffre ? Comme c'est*

---

[12] *Berlin um 1900,* catalogue de l'exposition de l'Académie des Arts de Berlin, Berlin, septembre/octobre 1984, p. 59.
[13] *Berlin um 1900, op. cit.* p. 78.

vieux jeu ! Mais pour perpétrer ton forfait, utilise un instrument infiniment plus puissant qu'une perceuse : celui des oripeaux de la puissance militaire : ça c'est intelligent, ça c'est subtil, ça c'est moderne. En fait, le héros de Köpenick a parfaitement saisi l'esprit de notre temps.

On ne peut que s'imaginer les difficultés immenses que rencontrèrent dans un tel contexte les artistes, par nature généralement libéraux, pour faire connaître leurs œuvres. Si l'art allemand de la fin du XIXe siècle peut paraître souvent terne, c'est qu'il s'élaborait dans un étouffoir qui n'avait aucun équivalent en Europe. Que l'on pense à la production artistique quasiment inexistante en URSS sous le joug stalinien, du moins dans le domaine pictural, ou à celle de la défunte RDA, on pourra alors mesurer le mérite de ceux qui, même timidement, participèrent à la libération de l'art à la fin du XIXe siècle dans l'Empire allemand, et encore plus le courage de ceux qui menèrent la bataille pour faire émerger l'art moderne au sein de cette Allemagne impériale.

CHAPITRE II

La peinture allemande au tournant du XXe siècle

Tableau d'une situation

Au tournant du XXe siècle, la peinture allemande a une bien piètre réputation, surtout en France où elle est ouvertement moquée. Jules Huret, envoyé en Allemagne par le journal *Le Figaro* pour rendre compte de la situation de l'art dans ce pays, écrivit[1] : *Les intérieurs allemands, même chez les gens fortunés, ne recèlent aucun objet d'art. On voit bien quelques peintures de peintres locaux, mais si quelconques, si tristes dans leur banalité, si mitoyennes et indivises qu'il est impossible de dire de quelle platitude, de quelle imitation elles sont sorties.* Les marchands de tableaux et propriétaires de galeries parisiens n'en avaient pas une meilleure opinion. Pour eux cette peinture se réduisait à Arnold Böcklin, Fritz von Uhde ou Max Liebermann, artistes qu'ils considéraient comme baroques ou académiques.

---

[1] *Figures du Moderne, 1905-1914. L'expressionnisme en Allemagne*, catalogue de l'exposition du Musée d'Art moderne de la ville de Paris, Paris, 1992, p. 17.

Certes, si jusqu'aux premières lueurs de l'expressionnisme[2] l'éclat de la peinture allemande semble plutôt terne, c'est qu'elle n'a pas été exposée à cette série de ruptures esthétiques qui affecta la peinture française, de l'impressionnisme au cubisme, et qui la rend si vivante à étudier. L'évolution de la peinture allemande dans la seconde moitié du XIXe siècle et jusqu'aux premières Sécessions, particulièrement celles de Munich en 1892 et de Berlin en 1898 - Sécessions qui préparaient le renouveau de l'art allemand - fut plus linéaire. Mais elle ne peut être rejetée en bloc sous le simple prétexte qu'elle ne chemine pas d'une révolution esthétique à une autre. Comme on le verra, cette peinture est travaillée par des considérations économiques, sociales et philosophiques qui s'éloignent sur de nombreux points de la tradition française. De plus, la censure exercée sur les artistes par les autorités ne permettait pas à ceux-ci de s'exprimer librement. Regardée à travers le prisme de ces considérations, l'évolution de cette peinture vers une nouvelle esthétique libérée du poids des traditions est loin d'être dépourvue d'intérêt, comme l'ont soutenu de nombreux critiques. Certes, de nombreuses considérations philosophiques et sociales qui servirent de trames à certaines œuvres considérées alors comme majeures semblent aujourd'hui assez obscures. Mais a-t-on besoin de considérer avec gravité les nombreuses élucubrations de certains artistes français sur l'intégration de la quatrième dimension dans la peinture cubiste pour apprécier la force de ce mouvement[3]?

---

[2] Tel qu'on peut définir cette expression dans le contexte allemand, c'est-à-dire un mouvement qui affecta tous les arts et en particulier la peinture dès 1905, date de fondation de *Die Brücke.*

[3] Linda Dalrymple Henderson, *The Fourth Dimension and Non-Euclidean Geometry in Modern Art*, Princeton, Princeton University Press, 1983, p. 45 et suivantes.

Au-delà de la critique du goût allemand, les remarques désobligeantes de Jules Huret semblent insinuer que le public allemand n'avait point le goût formé, du moins pour la peinture. On pourrait donc attribuer ce manque d'appréciation esthétique soit à un désintérêt général de la population pour la peinture, ce que les faits démentent, soit au manque d'opportunités qu'aurait eu ce même public à se confronter avec les nouvelles tendances artistiques, en particulier celles introduites par la peinture française, ce qui est parfaitement correct et que Jules Huret n'a pas pu ou voulu voir.

L'appétit du public allemand pour la peinture ne s'est en effet jamais démenti, à l'époque de Guillaume II comme de nos jours. En mai 1896, l'Académie Royale de Berlin fêtait sa centième exposition annuelle. À cette occasion l'Empereur Guillaume II, accompagné de sa cour, inaugura cette exposition dite du *Jubiläum* (Jubilé) et, pour la faire connaître à toute l'Allemagne, insista auprès de la compagnie des chemins de fer nationale pour qu'elle fournisse des efforts particuliers afin d'amener à celle-ci des visiteurs de tout le pays : de Munich, Cologne, Königsberg, Breslau, etc. Le résultat dépassa toutes les espérances : quand l'exposition du *Jubiläum* ferma ses portes, elle avait attiré 1.21 million de visiteurs, c'est-à-dire autant que toute la population de Berlin à cette même date ! Or il ne s'agissait pas là de quelque chose d'exceptionnel.

Le public allemand était accoutumé à ces expositions démesurées en particulier par le truchement des *panoramas.* Ceux-ci étaient des sortes de grandes peintures circulaires juchées sur une armature en bois ou en métal qui permettait au public de se déplacer le long de la peinture ou de l'admirer à partir du centre de l'édifice. Ces peintures figuraient en général des scènes de batailles. Tout était représenté de manière ultra réaliste de façon à reconstituer pour le regardant l'atmosphère des combats, avec ses morts, ses agonisants, ses coups de sabre, la frayeur des bêtes, les charges de cavalerie et tout cela inséré dans le vaste décor du champ de bataille, lui-même inclus dans la totalité du paysage. Le plus célèbre de ces *panoramas*, non pour la qualité de sa peinture mais pour sa taille, fut celui peint par Louis Braun, peintre de Munich, représentant la capitulation de l'Empereur Napoléon I. La toile, haute de 15 mètres et longue de 120 mètres, fut installée à Frankfort. Ces *panoramas*, sortes d'expositions permanentes, furent très populaires. Il en existait six à Berlin, trois à Hambourg, deux à Munich et quinze autres dans autant de villes de moindre importance. On estime qu'entre 1880 et 1910 ces *panoramas* attirèrent environ 10 millions de visiteurs !

Bien entendu, les possibilités de se confronter à la peinture ne s'arrêtaient pas là. Comme tous pays, l'Allemagne possédait de nombreux musées qui entretenaient entre eux une forte concurrence, particulièrement avec ceux de la ville de Munich qui entendait s'imposer comme capitale artistique de l'Allemagne et qui le fut incontestablement jusqu'au début des années 1900. Il faut ajouter à cela les Salons qui étaient organisés régulièrement par les autorités locales. Si le décompte précis de la fréquentation de ces musées et Salons reste à faire, on sait par les échos de la presse quotidienne ou spécialisée que les succès des expositions étaient indéniables, comme le montre par exemple celle organisée à Munich en 1887 où près de 3.000 visiteurs se pressèrent en cinq jours pour voir un seul tableau : *Das*

Letzte Abendmahl (Le Dernier Souper) de Fritz von Uhde[4] peint en 1886.

Enfin il existait dans beaucoup de villes allemandes de nombreuses galeries privées (nous y reviendrons plus tard) et des cercles d'art très actifs. Ceux-ci réunissaient autour d'un artiste ou d'un groupe d'artistes un cercle d'amateurs d'art qui sponsorisaient ces artistes par le biais de cotisations et recevaient en contrepartie un portefeuille de gravures. C'est ce système que l'historienne d'art Rosa Schapire mit en place autour d'un des pères de l'expressionnisme allemand, Karl Schmidt-Rottluff, pour faire connaître l'œuvre de ce dernier auprès de la bourgeoisie de Hambourg. Ainsi peut-on conclure qu'à la fin du XIXe siècle, le public allemand ne manquait ni d'opportunités pour se familiariser avec la peinture ni d'enthousiasme pour cultiver son goût.

Mais quel type de peintures trouvait-on généralement dans ces expositions, musées ou Salons ? À vrai dire, et même jusqu'à la veille de la Première Guerre mondiale, la peinture qui s'exposait dans ces lieux était de nature profondément académique. Bernard Dorival[5] la qualifie « d'académisme éclectique ». Par ce concept, l'auteur entend un « glissement » de l'académisme strict vers des formes édulcorées du romantisme, combiné avec un goût certain pour les scènes du passé - en particulier les scènes historiques - et la prééminence du dessin sur la peinture. En bref, une description délicate de ce qu'on appelle plus directement le style pompier (ainsi dénommé en raison des casques que portaient très souvent les personnages

---

4 Pour plus de détails, on pourra se référer à l'excellent ouvrage de Beth Irwin Lewis, *Art for All ?*, Princeton, Princeton University Press, 2003, et en particulier au Chapitre 2 : *Carrying Art to the Public*.

5 *Histoire de l'Art*, Encyclopédie de la Pléiade, Paris, Éditions Gallimard, 1969, Vol. IV, p. 113 et suivantes.

représentés dans les peintures[6]) qui fleurissait partout en Europe. En France, on peut citer : Jean Léon Gérôme, Thomas Couture, Jean Jules-Antoine Lecomte du Nouÿ et surtout William Bouguereau.

L'Allemagne eut son lot de tels artistes. Le plus célèbre fut Anton von Werner à Berlin, peintre quasi officiel de l'Empire, accaparant tous les honneurs et en particulier les présidences des Académies. Il peignit d'innombrables portraits de Guillaume II dans toutes les circonstances possibles et surtout des scènes de batailles ultra pointilleuses dans leur réalisme. On lui doit en particulier la grande fresque du couronnement de l'Empereur Guillaume I dans la Galerie des Glaces de Versailles dont on ne connaît que des reproductions, l'original ayant été détruit pendant la Seconde Guerre mondiale. À ce peintre, castrateur de l'art allemand et, malheureusement, omniprésent sur la scène artistique allemande jusqu'au début de la Première Guerre mondiale, un historien d'art allemand aussi respecté que Richard Muther ne consacre même pas une ligne dans son ouvrage sur l'histoire de la peinture[7].

Un autre de ces artistes, attaché à la cour de Bavière et à peine moins intrigant sur la scène artistique allemande, fut à Munich Franz von Lenbach, grand portraitiste de Bismarck. Muther[8] lui consacre quelques pages, non pour expliquer sa gloire mais sa chute rapide dont les raisons, dit-il, *ne sont pas dures à trouver. C'est que*, ajoute-t-il, *l'Allemagne est devenue sensible à l'originalité et que nous sommes de moins en moins disposés à mettre sur un*

---

[6] James Harding, *Artistes Pompiers*, Londres, Academy Edition, 1979.
[7] Richard Muther, *Geschichte der Malerei*, *op. cit.*
[8] Richard Muther, *Geschichte der Malerei*, *op. cit.* Vol. III, p. 492 et 493.

pied d'égalité le peintre classique disparu et le peintre moderne qui s'efforce de l'imiter.

Tous les peintres de la fin du XIXe siècle et du début du XXe siècle en Allemagne n'étaient pas de vils imitateurs des artistes français ou italiens. Il existe une véritable école artistique allemande à la fin du XIXe siècle qui, même si elle n'atteint pas la vitalité de l'école française, a son propre souffle. Il faut d'abord souligner que cette école se développe dans un cadre fort différent de celui qui existait en France à la même époque. D'abord, l'Allemagne ne pouvait s'enorgueillir d'une « capitale » de l'art comparable à Paris. Les centres artistiques allemands étaient aussi divers par leur inspiration qu'éloignés géographiquement.

Cela tient, bien sûr, à la tradition historique d'indépendance des principautés et surtout, comme déjà mentionné, à la croissance de villes moyennes durant la période 1871-1914 dont beaucoup, pour accroitre leur rayonnement au-delà des succès économiques, désiraient attirer de nombreux artistes. Si l'on se plaît souvent à souligner l'importance artistique de Munich ou de Berlin à la fin du XIXe siècle, on oublie souvent de mentionner d'autres centres très actifs comme Dresde, Düsseldorf, Hambourg, Cologne, Weimar, etc. Cette production artistique, très insérée dans le réseau social et économique local, rendait moins nécessaires les échanges entre artistes des différents centres. Elle rendit, et ce point est d'une grande importance, plus lente la prise de conscience d'un bouleversement nécessaire de la tradition picturale allemande afin de la faire correspondre aux nouvelles réalités sociales et économiques décrites dans le Chapitre I. D'ailleurs, ce n'est pas une grande surprise de constater que dès que Berlin put réunir en son sein une masse critique d'artistes de tous horizons, la « machine à innover », pourrait-on dire, s'emballa et propulsa le Berlin des années 1910 au sommet des capitales artistiques de l'Europe. L'aura croissante de Berlin reposa d'abord sur son dynamisme économique, mais son rayonnement culturel fut surtout redevable à des hommes de talent et de courage comme Bruno et Paul Cassirer, Hugo von Tschudi, Alfred Flechtheim et surtout Herwarth Walden dont il sera fait mention ultérieurement.

Ensuite, il ne faudrait surtout pas négliger l'importance de l'académisme comme catégorie culturelle. Elle prit en Allemagne des proportions inédites, non seulement en raison du tropisme de la société allemande à respecter la tradition, mais surtout en raison du rôle politique que l'État prussien entendait faire jouer à la culture : insuffler à un pays tout juste réunifié un esprit « national ». La volonté d'un gouvernement de manipuler la création dans un sens utile au pays n'est pas propre à l'Allemagne. La France a elle aussi penché de ce côté. Même si, dès 1881, le Salon d'Automne fut en quelque sorte privatisé et si des ministres des Beaux-Arts, comme Léon Bérard, s'engagèrent en faveur de la non-intervention étatique dans l'art, il n'en reste pas moins que l'autonomie de la création artistique trouva vite ses limites. Ainsi, en 1887, fut établie la *Commission des Monuments Historiques* et des pouvoirs de contrôle accrus furent accordés au ministère des Beaux-Arts. Comme le souligne Genet-Delacroix, cité par David Cottington[9] : *Cette appropriation publique de l'art visait à imposer une histoire de l'art qui consacrait l'immortalité de la race, du peuple et de la nation française ; en bref qui tenait à imposer l'idée d'un Génie Français sublimant toutes les divisions politiques et sociales en les fondant dans un système de valeurs historiques et esthétiques afin*

[9] David Cottington, *Cubism in the Shadow of War: the avant-garde and politics in Paris 1905-1914*, New Haven and London, Yale University Press, 1998, p. 12.

d'imposer l'idée de sa supériorité artistique et culturelle. C'est ce à quoi visait la politique culturelle allemande.

Cependant, l'Allemagne impériale est allée plus loin que n'importe quels autres pays dans cette voie. La volonté de Bismarck était, en effet, d'insuffler aux différentes principautés, autrefois largement indépendantes et maintenant réunies au sein de l'Empire, un sens de l'unité. À ce jeune Empire, il fallait trouver un narratif commun et le fédérer autour de valeurs politiques qui prendraient le relais de celles qui avaient jusqu'à présent rayonné sur une partie de l'Europe démocratique. Pour ce faire, il combattit avec force toutes les tendances politiques ou sociales qu'il considérait comme sécessionnistes ou même simplement insuffisamment loyales au nouvel Empire. Il interdit, par exemple, le parti socialiste et engagea un bras de fer, le *Kulturkampf* (le combat culturel), avec l'Église catholique, jugée moins fiable à ces yeux que l'Église protestante.

Pour la culture, ce fut Guillaume II qui prit la main. Il se piquait d'être connaisseur et juge des Beaux-Arts. Il avait pris des cours de dessin, s'exerçait lui-même à cet art et on pouvait même acheter dans les galeries berlinoises des reproductions de ses œuvres. Son goût, cependant, le portait vers l'académisme le plus étroit et c'est sans surprise qu'il nomma à la tête des institutions les plus prestigieuses des Beaux-Arts des artistes ultra conservateurs comme Anton von Werner.

Son interventionnisme sur la scène artistique était fort encombrant. Il insista, par exemple, pour que l'on modifie les plans du palais du « Reichstag » afin d'en déplacer la coupole. Il s'ingérait directement dans les sélections des jurys d'expositions, n'hésitait pas à retirer une médaille d'or unanimement attribuée à un artiste pour l'affecter à un autre artiste plus à son goût. Il interdisait souvent aux artistes allemands invités par la France à exposer leurs œuvres de participer sous le prétexte fallacieux que ces expositions glorifiaient la révolution ou le républicanisme. Ainsi, à l'occasion de l'exposition de Saint-Louis aux États-Unis (voir plus loin) à laquelle les artistes allemands avaient été invités à contribuer, son attitude implacablement conservatrice choqua jusque dans la classe politique et ses outrances furent probablement responsables de la dévalorisation de l'académisme dans les yeux du public.

Retenons pour l'instant que l'Empereur qualifiait tout art qui ne lui convenait pas « d'art de ruisseau ». Dans un pays où s'insurger contre l'Empereur entraînait des représailles immédiates, on peut s'imaginer les difficultés des artistes novateurs à se faire entendre. L'attaque frontale aurait été la pire des tactiques ; il fallait biaiser, faire de la pédagogie, rassembler ses supporters sans les exposer à la répression impériale, bref, se transformer en tacticien dans le simple but de faire valoir ses créations.

Enfin, l'art allemand de cette fin du XIXe et début du XXe siècle est un art sous influence que l'on peut grossièrement diviser en deux périodes. La première, qui s'étend de 1850 à 1880, est celle où la peinture allemande est influencée par la peinture italienne (sans cependant négliger l'influence de Courbet ou des symbolistes français) ; la seconde, qui s'étend de 1880 à la Première Guerre mondiale, est dominée par le courant impressionniste venu de France (en partie seulement, en raison de l'émergence graduelle, dès 1905, d'une avant-garde authentiquement originale). Cette césure est un peu artificielle dans la mesure où s'il est exact de considérer que des peintres comme Arnold Böcklin, Anselm Feuerbach et Hans von Marées subirent une très forte influence italienne, d'autres peintres, quasiment contemporains de ceux-ci comme Max Liebermann ou

Max Klinger, furent plutôt influencés, le premier par les impressionnistes, le second par les symbolistes français. Ces influences n'empêchèrent pas les peintres allemands de rechercher leurs propres voies dans le contexte difficile que nous avons décrit.

Les grandes figures de l'art pictural allemand : les peintres en marge de l'académisme

Qui sont donc ces peintres allemands dont le public cultivé pouvait contempler les œuvres vers la fin du XIXe siècle et en tout début du XXe siècle ? Ils sont bien sûr très nombreux et, considérés de notre point de vue de modernes, peu mériteraient une grande attention. Nous avons ici choisi de présenter quelques peintres qui sortent du lot, non seulement en raison de leur talent, mais aussi pour les efforts qu'ils déployèrent pour cheminer dans l'étroit passage que laissait à la création le poids de l'académisme impérial. Si les caractéristiques esthétiques de leurs œuvres n'ont pas bouleversé l'art moderne, elles sont cependant suffisantes pour éveiller l'intérêt de la critique contemporaine.

Arnold Böcklin

Le plus important de ces peintres fut Arnold Böcklin. Né en 1827 à Bâle (Suisse), d'un père faisant commerce de la soie, il mourût en pleine gloire en 1901 en Italie et fut célébré en Allemagne comme le peintre le plus important de l'Europe du XIXe siècle. Böcklin comme beaucoup d'artistes de sa génération fut attiré par l'Italie, pays dans lequel il séjourna une grande partie de sa vie. C'est d'ailleurs une sorte de paradoxe que de le considérer comme peintre allemand, alors qu'il est né Suisse et qu'il passa presque toute sa vie en Italie. Mais sa présence à

Munich et surtout à Berlin à la fin du siècle, de même que sa participation à la Sécession berlinoise lui valent ce qualificatif.

La passion de Böcklin pour l'Italie lui vint d'une sorte de révélation esthétique[10] qui s'imposa à lui alors qu'en mars 1850 il contemplait les colonnades de la place Saint-Pierre au clair de lune. Une telle relation fusionnelle à la beauté du monde est d'ailleurs très révélatrice de sa peinture à venir qui semble toujours tomber dans l'excès. Il se peut que cette révélation ait été facilitée par la méditation du livre de Goethe, *Voyage en Italie*, publié en 1826, livre qui connut un immense succès et qui semble avoir encouragé de nombreuses jeunes âmes allemandes à partager la passion de l'auteur pour un passé splendide mais révolu, plein de grandeur et de monuments antiques. De cette passion, Böcklin en était aussi possédé, la mâtinant de son intérêt pour la mythologie grecque. Il en résulta un style classique quant à la technique picturale mais fort ésotérique quant aux choix des thèmes, des motifs et des couleurs - il sera qualifié de nouvel idéalisme - comme on peut le voir dans le tableau, *Im Spiel der Wellen* (Dans le jeu des vagues), 1883, Neue Pinakothek, Munich, et surtout dans ce qui est considéré comme son chef d'œuvre, *Toteninsel* (Île aux morts), série de cinq tableaux exécutés entre 1880 et 1886, Museum der Bildenden Künste, Leipzig, et Alte Nationalgalerie, Berlin.

Le jugement des modernes quant à son style varie fortement. Ainsi, par exemple, Bernard Dorival écrit dans l'Encyclopédie de la Pléïade[11] : *Qu'importeront l'anecdote des sujets (c'est à dire ces scènes mythologiques) si*

[10] Cité par Richard Muther qui, dans le Volume III, page 467, de sa *Geschichte der Malerei*, déjà citée, fait une savoureuse description de cette « Illuminati ».
[11] *Histoire de l'Art*, Encyclopédie de la Pléiade, *op. cit*. p. 152.

l'exécution révélait un vrai tempérament d'artiste ? Mais le dessin est mou et convenu, les couleurs discordantes, les formes en étoupe, la lumière théâtrale, l'exécution aussi laborieuse qu'incertaine. À l'opposé de ce jugement on peut citer celui de Sebastian Allard et Danièle Cohn qui, dans le catalogue de l'exposition *De l'Allemagne*[12], écrivent : *La force de ces compositions* [ils se réfèrent à certaines variations du thème de *Im Spiel der Wellen*] *en particulier le jeu des néréides de 1886 réside en partie dans la tension qui existe entre le caractère hautement irréaliste, bien souvent littéraire, des situations, et le traitement naturaliste des attitudes et des expressions. Les dieux ont disparu, l'Olympe n'est plus et les demi-dieux, qui se comportent comme des hommes, mais des hommes d'avant la civilisation, occupent le devant de la scène. On ne peut alors s'empêcher de voir derrière ces sirènes les prostituées qu'au même moment Degas peignait à Paris...* et les auteurs d'ajouter : *La Grèce dionysiaque prend place dans l'Allemagne bismarckienne.*

Ce qui frappe, effectivement, dans une telle peinture, c'est sa frontalité, son agressivité pourrait-on dire, où la force du message semble se perdre dans l'excès de son expression. Marcel Beaufils dans son ouvrage, *Comment l'Allemagne est devenue musicienne*[13], écrit en référence à cette tendance d'aller vers l'excès : *Et si c'est le propre de la pensée allemande, précisément, que de tendre toujours à être tempérament, que de s'interdire toute dissociation d'avec l'élan vital, que de trembler, avec Goethe et déjà Luther, devant le « Wort »* [mot] *froid, le concept lucide, le logos cristallin qui puise sa force en lui seul et ne se laisse dévier par aucune orchestration personnelle ; si c'est le propre du Génie français de produire Pascal, le*

---

[12] *De l'Allemagne, de Friedrich à Beckmann, op. cit.* p. 74.

[13] Marcel Beaufils, *Comment l'Allemagne est devenue musicienne*, Paris, Éditions Robert Laffont, 1983, p. 81.

propre du génie Allemand de produire Nietzsche, n'allons-nous pas saisir une de ces historiques soudures entre pensée et tempérament, lorsque l'Allemand, tout à coup, au plus fort de son émeute musicale, apprendra à sentir pour penser et bouleversera l'économie des philosophies rationnelles, en pistant sur toutes ses routes l'immanence du subjectif ? Cette remarque nous semble d'une grande importance car en plaçant au cœur de la création artistique ce que Beaufils appelle « l'immanence du subjectif », elle permet de dépasser, sans les nier, les interprétations les plus souvent avancées sur la nature de la peinture allemande de cette fin de siècle : la peinture comme résultat d'une recherche d'équilibre entre idéalisme et réalisme, entre dionysiaque et apollinien. Cette « immanence du subjectif » s'exprimera chez Böcklin par le choix délibéré de la composante dionysiaque, c'est-à-dire du vitalisme brut qui va tant choquer ses contemporains. Et aujourd'hui encore, un peintre comme Georg Baselitz rencontrera la même incompréhension initiale du public quand il exposera ses premières œuvres quelques années après la fin de la Seconde Guerre mondiale.

Quel que soit le jugement que l'on puisse maintenant porter sur Böcklin, il reste un peintre d'importance dans la mesure où il fait clairement apparaître ce besoin pour les artistes allemands de trouver ou retrouver un souffle vital loin du maniérisme académique. Sa palette chromatique s'éloigne clairement de celle du maître du romanticisme allemand, si cher au cœur de Guillaume II, Caspar David Friedrich, où dominent des couleurs souvent minérales, les traits précis et les scènes très composées. Böcklin va puiser chez les maîtres hollandais (en particulier Rubens) l'ampleur des formes et la mobilité des personnages et chez les maîtres de la Renaissance italienne, en particulier ceux de l'école de Venise, Titien et Le Tintoret, la brillance des couleurs. Cette synthèse conduira à l'exécution de toiles qu'on pourrait qualifier d'idéalisme magique plutôt que de nouvel idéalisme qui ne dit rien de bien précis.

Franz von Stuck

Plus sombre, et même inquiétant par les scènes qu'il peint et l'atmosphère oppressante qu'il leur insuffle, est le peintre Franz von Stuck (1863-1928). Né dans une famille de fermiers de la basse Bavière, Franz von Stuck se révèle rapidement un peintre prodige. Il obtient sa première médaille d'or à 26 ans, s'installe à Munich où il allait dominer la scène artistique de cette ville et faire une vive concurrence au peintre Franz von Lenbach, considéré comme l'artiste le plus doué de sa génération mais d'un académisme rigide.

L'atelier de von Stuck était des plus courus. Paul Klee et Wassily Kandinsky furent ses élèves. (Kandinsky dut s'y prendre à deux fois cependant avant d'être accepté.) Ses activités de peintre et de Directeur de l'Académie des Beaux-Arts de Munich lui valurent une fortune considérable qui le conduira à construire dans cette ville, sur la rive droite de l'Isar, une immense maison couronnée de statues grecques. On a souvent fait le rapprochement entre cette maison et celle qui apparaît dans la série des tableaux de Böcklin, *Villa am Meer* (Villa aux bords de la mer), en particulier celui daté de 1863 et conservé à la Neue Pinakothek de Munich. L'intérieur ne le cédait en rien à l'extérieur : pièces immenses décorées de ses propres tableaux et de figures de la mythologie grecque, de colonnes et de bustes romains. Il fut anobli en 1906.

Franz von Stuck peut être, sur le plan thématique, comparé à Böcklin pour son goût des scènes mythologiques et la sensualité de ses œuvres. Cependant, il ne recherche pas, comme Böcklin, l'exubérance des couleurs et ses tableaux peints en général dans des tons sombres démontrent un goût certain pour l'exploration de l'âme humaine. Sa peinture pourrait être qualifiée de symboliste. Ses toiles les plus célèbres sont : *Die Sünde* (Le péché), 1893, Neue Pinakothek, Munich, *Salome* (Salomé), 1906, dont la plus belle version se trouve au Lenbachhaus de Munich, et *Der Kuss der Sphinx* (Le baiser du Sphinx), commencé en 1895, date de finition incertaine, Magyar Szepmuvészèti Mùzeum, Budapest. Ces toiles parlent plus à notre imagination de contemporains que celle du *Der Krieger* (Le guerrier) qui fut pourtant considérée par la critique comme un chef d'œuvre universel.

Ce que révèlent ces toiles, c'est avant tout l'appréhension de l'homme, et même son angoisse, devant la figure de la femme, présentée comme castratrice, sentiment que le théâtre de Frank Wedekind et August Strindberg avait contribué à renforcer dans l'Allemagne de cette fin de siècle. Si Böcklin représentait souvent la femme comme aguicheuse et quelquefois vulgaire, von Stuck la représente comme inquiétante et dominatrice. Encore une fois on retrouve dans cette peinture cette « immanence du subjectif », matérialisée par l'Éros. Notons à ce sujet que Félicien Rops (1833-1898), peintre d'origine belge qui faisait scandale par ses peintures à caractère érotique, portait sur la femme le même regard que von Stuck et connaîtra lui aussi un immense succès dans l'Allemagne de cette époque. Si von Stuck se cantonna obstinément jusqu'à sa mort à son propre style de peinture, ignorant superbement l'art moderne, il n'en reste pas moins qu'il ressentit assez tôt le besoin de changement dans la peinture allemande. C'est ainsi qu'il fut un des premiers peintres à se ranger au côté de la Sécession munichoise de 1892.

Max Klinger

Si les œuvres de Böcklin et surtout de von Stuck reflètent l'angoisse existentielle d'une époque, le travail de Max Klinger (1857-1920) met à nu les phantasmes inavoués de la société bourgeoise allemande de la fin du XIXe siècle. Né d'une riche famille de Leipzig, Klinger passa près d'une décade entre Rome et Paris avant de s'installer définitivement à Leipzig. Klinger est le type même de l'intellectuel allemand tourmenté qui trouvait dans les philosophes du désespoir, dans Kierkegaard en particulier (dont Klinger dira qu'il en a fait sa nourriture littéraire quotidienne), l'inspiration pour dénoncer les maux de la société bourgeoise. Son œuvre, fortement ancrée dans son époque, explique sans doute pourquoi notre regard sur lui a beaucoup évolué. Sommairement exécuté par certains critiques français (voir Note 11), totalement ignoré dans certaines grandes rétrospectives sur l'art allemand (cf. l'exposition au Louvre en 2013, *De l'Allemagne*, voir Note 12), il fait cependant l'objet d'une attention toute particulière dans la littérature anglo-saxonne[14] et a suscité des études savantes comme celle d'Alexander Dückers[15].

Sa carrière fut à l'image de cette reconnaissance contrastée. Encensé comme peu d'artistes l'ont été à la Sécession de Vienne en 1902 pour sa sculpture commémorative de Beethoven, il fut l'objet des plus grands éloges de ses contemporains comme Franz von Stuck, Käthe Kollwitz et Alfred Kubin qui lui reconnaissent une certaine dette. Son influence est même sensible de Edvard Munch à Max Ernst. Cependant, à sa mort en 1920, les hommages sont rares et il tombe dans

[14] Voir Beth Irwin Lewis, *Art for All ?*, *op. cit.*

[15] Alexander Dückers, *Max Klinger*, Wuppertal, Heydt Museum, 1992.

l'oubli. Il ne reviendra sur le devant de la scène que dans les années 1940 quand, en 1942, Georgio de Chirico le présentera comme un précurseur de Sigmund Freud[16]. Une série d'études savantes, dont celle déjà citée de Dückers, conduit à une première rétrospective à Leipzig et simultanément à toute une série d'expositions à travers l'Allemagne contemporaine et même à Strasbourg en 2012 où le public français découvre que Klinger a passé trois ans en France, a été un ami de Rodin et avait des connaissances étendues de la littérature française.

En raison de l'immense érudition de Klinger et de sa volonté de traduire ses références littéraires et philosophiques dans ses travaux, son œuvre de peintre et de sculpteur nous reste difficilement accessible sans un appareil critique qui n'a pas sa place ici. Ainsi, par exemple, dans l'une de ses plus fameuses peintures, *Die Kreuzigung Christi* (La crucifixion du Christ), 1890, Museum der Bildenden Künste, Leipzig, Klinger conteste la représentation traditionnelle et religieuse de la crucifixion du Christ au profit d'une représentation moderne. Cette œuvre, inspirée des recherches historiques, archéologiques et philosophiques les plus avancées de l'époque, vise à signifier l'échec de l'iconologie classique chrétienne au profit d'une sécularisation des représentations, en bref, à annoncer la fin de la transcendance[17]. On voit que ce thème, brûlant à l'époque et qui fit la notoriété de Klinger, n'est plus susceptible de provoquer chez le lecteur moderne le même intérêt.

L'œuvre gravé de Klinger nous est, par contre, beaucoup plus accessible. Il est considérable et retient de

---

[16] Voir l'introduction en page 10 de Dieter Gleiberg dans le catalogue du Heydt Museum, *op. cit.*

[17] Cette œuvre monumentale fait partie d'une série de peintures, tout aussi monumentales, qui visent au même but. On pourra citer : *Le jugement de Paris, Piéta*, et le *Christ sur l'Olympe*.

plus en plus l'attention des musées comme du public. On pourra aisément se persuader de la technique éblouissante de Klinger en examinant la première des gravures du cycle *Dramen* (drames) intitulée *In Flagranti* et qui date de 1883. Ce cycle fait partie d'une série de onze sur des sujets divers aux titres évocateurs : *Ein Leben* (Une vie), *Amor und Psyche* (L'amour et psyché), *Eine Liebe* (Un amour), par exemple. Comme l'indique le titre, il s'agit d'une situation où un personnage est pris en flagrant délit de quelque chose, ici d'infidélité (voir sur Internet : Max Klinger In Flagranti. L'image est celle de la collection du Museum of Modern Art, New York).

Dans cette gravure, le personnage féminin à l'extrême gauche annonce clairement par son attitude, l'effroi de son regard, les mains qu'elle porte à sa tête, le célèbre *Cri* que peindra Edvard Munch dix ans plus tard. Tout dans cette œuvre est bâti en fort contraste. La lumière qui éclaire la scène du crime, laissant dans une demi-ombre le jardin et les feuillages, l'horreur du meurtre, à peine montrée si ce n'est par l'angoisse de la femme, les jambes de l'amant assassiné, en partie cachées par une balustrade, et la figure du mari embusqué à une fenêtre et tenant à la main son fusil encore fumant ; tout cela se situant dans un endroit idyllique que souligne la beauté de ce même jardin où les floraisons abondantes encadrent somptueusement l'endroit du crime. Cette gravure laisse deviner le drame domestique qui a conduit à ce meurtre, alors que l'environnement dans lequel il se produit respire la volupté et l'aisance ; une scène symptomatique de l'hypocrisie bourgeoise. Au centre de cette gravure se trouve bien évidemment la femme. Aux yeux de Klinger, elle est à la fois l'éternelle victime mais aussi séductrice et instigatrice des drames de la jalousie.

Cependant, Klinger a plutôt tendance à montrer la femme comme victime, non seulement des hommes mais aussi de sa condition. C'est par allusion à des légendes ou à des mythes fortement enfuis dans la conscience populaire qu'il en révèle les traits. La gravure *Tote Mutter* (La mère morte), 1898 (voir sur Internet : Max Klinger Tote Mutter. L'image est celle de la collection du Metropolitan Museum, New York), du cycle *Vom Tode* (De la mort) rappelle sur le plan de la composition la toile de Johann Heinrich Füssli, *Le Cauchemar,* peinte en 1781, Detroit Institute of Art, et dont il est évident que Klinger avait connaissance.

La gravure de Klinger nous montre une femme morte, probablement en couche, le front ceint de fleurs, sur le ventre de laquelle repose un nourrisson qui nous fixe du regard. Quel est le message que voulait nous transmettre Klinger dans cette gravure ? Sans doute celui de l'éternel cycle de la vie, mais aussi, à travers le regard de l'enfant, une interrogation, fort prégnante à l'époque, sur le sens d'une vie vouée, en dernier ressort, à la mort. L'analyse détaillée de la gravure pourrait entraîner d'autres considérations tant sont nombreuses les références à la mythologie allemande, l'emplacement du lit au milieu d'une forêt, par exemple. Mais pour nous, modernes, ce qui retient notre attention, c'est l'abondance des références historiques ou littéraires et la qualité technique de son travail. Certes, on ne peut comparer les gravures de Klinger à celles des plus grands maîtres allemands, Martin Schongauer ou Albrecht Dürer, mais elles soutiennent tout à fait la comparaison avec celles produites par les représentants les plus fameux du symbolisme français, en particulier celles d'Odilon Redon ou de Gustave Moreau. Notons enfin que le symbolisme de Klinger se retrouve de nos jours dans l'école autrichienne du réalisme magique, en particulier chez Ernst Fuchs.

Les grandes figures de l'art pictural allemand : les premiers réfractaires à l'académisme

Il nous faut maintenant citer trois autres artistes qui jouèrent un rôle prépondérant dans les différentes Sécessions : Max Liebermann (1847-1935), Lovis Corinth (1858-1925) et Max Slevogt (1868-1932). Ils furent les premiers à oser introduire en Allemagne le style français, l'impressionnisme que l'Empereur Guillaume II avait en horreur, et le firent avec une telle réussite que Paul Cassirer, grand marchand de tableaux berlinois, les considéra comme les plus grands peintres impressionnistes allemands. Remarquons, cependant, et cela est d'une grande importance, qu'il n'y a pas de commune mesure entre la technique des impressionnistes français et allemands. Ces derniers ont surtout cherché à éclaircir leurs palettes en essayant, comme leurs collègues français, à rendre présents sur leurs toiles les effets de lumière, mais à l'exception de Lovis Corinth (et encore tardivement), ils n'ont jamais abandonné le trait, c'est-à-dire, le dessin. Ainsi, lorsqu'on parle d'impressionnisme allemand, faut-il garder à l'esprit qu'il n'est en aucun cas aussi avancé en matière de recherches picturales que l'impressionnisme français.

À quoi attribuer cette caractéristique, alors que ces peintres visitaient souvent la France qui les honorait dans ses expositions ? Il est clair que le dégoût de l'Empereur pour ce style de peinture n'encourageait pas les artistes à assumer joyeusement les avancées des peintres français. De plus, l'académisme pesait encore de tout son poids sur ces peintres formés dans des institutions officielles comme les Académies des Beaux-Arts. Ajoutons à cela que le public, entretenu dans un goût réaliste par le biais de tous les Salons officiels, n'était peut-être pas encore prêt à assimiler de tels changements picturaux. Mais la raison essentielle, à nos yeux, est à rechercher dans la volonté de ces peintres à cheminer sur l'étroite crête qui séparait la nécessité de ne pas déplaire au Souverain de leurs ambitions personnelles à être reconnus, tout du moins dans toute l'Allemagne, peut-être même à l'international, comme peintres d'avant-garde. La volonté de rechercher cet équilibre est le facteur décisif qui explique le décalage entre l'art allemand et l'art du reste de l'Europe (notons en effet que les impressionnistes russes étaient très avancés par rapport aux impressionnistes allemands).

Ainsi se pose une question qu'il est difficile de trancher : ces peintres ont-ils volontairement restreint leurs recherches picturales pour rester dans le cadre de ce qui, à leurs yeux, était le maximum acceptable par la censure, ou s'agit-il d'une réelle incapacité à saisir la problématique de la modernité telle qu'elle était largement posée en France ? Il existe de nombreux indices qui font pencher la balance en faveur de la première hypothèse. L'habileté technique de ces peintres ne peut être contestée ; leur désir de sortir de l'académisme est indiscutable et leur admiration pour la peinture française largement établie. Reste que leur désir de gloire est aussi indiscutable. On verra plus tard qu'ils firent tout leur possible, une fois arrivés aux positions auxquelles il aspiraient, pour bloquer systématiquement l'éclosion de nouveaux talents qui auraient pu contester leur suprématie. Si équilibre il y a eu, il n'a pas été atteint sans restriction volontaire de leurs talents.

À l'opposé des peintres déjà cités, Böcklin, von Stuck et Klinger, qui cherchèrent à intégrer dans leurs œuvres certains thèmes chers à l'idéalisme allemand (ce qui les mettait à l'abri de la critique impériale) tout en les mâtinant d'éléments fantastiques ou mythologiques, Max Liebermann, Lovis Corinth et Max Slevogt ont tenté d'aboutir à une synthèse entre un art guidé par le souci du réalisme et une recherche chromatique éloignée de l'académisme et inspirée de l'impressionnisme. On ne trouvera chez ces peintres aucun des excès d'un Böcklin ou d'arrière-plan philosophico-religieux comme chez Klinger, mais une recherche, apparemment assez contradictoire, visant à fusionner réalisme et impressionnisme. Une exception, cependant, doit être faite pour Corinth qui se dégagea de l'influence impressionniste pour produire sur la fin de sa vie des œuvres originales, au caractère nettement expressionniste similaire à celles d'Oskar Kokoschka. C'est sans doute en raison de l'inscription de Corinth dans un mouvement artistique considéré comme important dans l'histoire de l'art qu'il est le seul de ces trois peintres à être encore internationalement reconnu de nos jours. Ainsi le Musée d'Orsay lui a-t-il consacré une rétrospective en 2008[18].

Max Liebermann

Au tournant du XXe siècle, le plus connu de ces peintres et le plus influent aussi, fut Max Liebermann. Né en 1847 à Berlin d'une riche famille d'industriel juive, Max Liebermann s'est tourné très tôt vers le dessin. Après des brèves études de chimie à l'université de cette ville, il intègre l'Académie des Beaux-Arts de Weimar. Ces premières peintures, *Die Gänserupferinnen* (Les plumeuses d'oies), 1871/1872, Alte Nationalgalerie, Berlin, et *Die Konservenmacherinnen* (Ouvrières d'une usine de conserves), 1880, Museum der Bildenden Künste, Leipzig, sont très influencées par le style réaliste de Courbet.

---

[18] *Lovis Corinth (1853-1925). Entre impressionnisme et expressionnisme*, Paris, publication de la Réunion des Musées Nationaux, 2008.

En 1873, Liebermann se rend à Paris au moment même où le mouvement impressionniste français monte en puissance. C'est en effet en 1874 qu'aura lieu la première exposition des peintres impressionnistes. Leur troisième exposition aura lieu en 1877, un an avant que Liebermann ne quitte Paris. C'est au cours de cette exposition que Claude Monet présentera trente toiles, dont sept représentant la gare St Lazare à différentes heures du jour. La virtuosité de ces représentations qui capturaient toutes les nuances des variations de couleurs affectant cette gare au cours de la journée aurait dû captiver Liebermann. Pourtant, le jeune Liebermann ne porta pas un grand intérêt aux recherches picturales de ce groupe. Il lui préfèrera les travaux du « groupe de Barbizon », en particulier ceux de Jean-François Millet, de Charles-François Daubigny et de Jean-Baptiste Camille Corot. Ce n'est que beaucoup plus tard, dans les années 1890, que Liebermann appréciera les recherches des impressionnistes sur la lumière et qu'il modifiera son style pictural et inaugurera dans la foulée son propre style impressionniste. Les années parisiennes de Liebermann furent aussi pour lui l'occasion de visiter les Pays-Bas dont la lumière le fascinait et surtout le traitement de celle-ci par les peintres du XVIIe siècle, en particulier Van der Meer, dit Vermeer de Delft.

Après Paris, Liebermann visita l'Italie, Venise surtout, en 1878, puis il s'installe la même année à Munich, capitale des arts allemands et, à l'époque, la deuxième en Europe après Paris. C'est là qu'il peindra en 1879 un tableau qui créa le scandale et le propulsera simultanément au-devant de la scène artistique. Il s'agit de *Der zwölfjährige Jesus im Tempel* (Jésus à douze ans au temple), Kunsthalle, Hambourg. Cette peinture qui représente une scène très connue du Nouveau Testament, *Jésus au milieu des docteurs de la loi,* est peinte dans un style réaliste, mais dans des tons beaucoup plus clairs que ne le voudrait l'académisme. Ce tableau, assez anodin en réalité, choqua profondément le public et les critiques d'art de cette Bavière très catholique en raison surtout de la tenue vestimentaire de Jésus. Cette représentation, simplement réaliste, d'un jeune habillé comme pouvait l'être un gamin issu d'une famille pauvre, perturbait la vision idéaliste, sulpicienne, de Jésus qu'on ne saurait représenter que vêtu des atours d'un Dieu. Cette réaction était identique à celle que provoqua la *Crucifixion* de Max Klinger (voir plus haut). Max Liebermann, cependant, n'était pas Klinger et les sous-entendus philosophiques lui étaient étrangers. La peinture léchée à la Fritz von Uhde, qui lui aussi avait représenté le Christ dans des scènes familières mais acceptables pour le public car - à l'exception de l'auréole manquante - von Uhde avait soigné la tenue vestimentaire du Christ, lui était tout aussi indifférente. Son trait de pinceau était au contraire vigoureux, arrogant ont même considéré certains critiques, et son objectif n'était pas d'atteindre le beau ou l'harmonie mais la vie elle-même, celle qui animait cette conversation entre Jésus, le petit enfant pauvre, et les sages du temple. Ce tableau lui a valu le sobriquet de « peintre de la laideur », des insultes grossières de députés bavarois et, ce qui est plus habituel, des critiques virulentes de la presse.

À défaut d'avoir trouvé son public, Liebermann avait trouvé son style : celui d'une peinture réaliste, dans les tons clairs, qui empruntait déjà beaucoup aux impressionnistes français. Il continuera à peindre dans la même veine, mais surtout des scènes d'extérieurs. Dans ces tableaux l'influence de l'impressionnisme devient de plus en plus marquée et il développe un style syncrétique fait de recherches des couleurs et de préservation de la ligne. Le succès lui vient très rapidement. En 1884,

Liebermann quitte Munich pour Berlin où son succès ne se dément plus. Il fut considéré comme le plus grand peintre allemand de sa génération et devint extrêmement riche. Les résultats de son activité (il n'est pas de grandes familles berlinoises qui ne le sollicitassent pour un portrait), combinés à l'héritage important qu'il reçut de ses parents, firent qu'il vécut somptueusement dans un palais à Berlin, nommé Palais Liebermann, sur Pariser Platz. Les honneurs suivirent : il fut plusieurs fois honoré de médailles d'or aux Salons de Paris, Berlin et Vienne. Il sera nommé en 1920 Président de l'Académie des Arts de Berlin. Il mourra en 1935 éloigné de la scène artistique par les nazis qui se chargèrent de faire oublier son nom à toute une génération. Cependant, les œuvres de Liebermann se trouvent conservées dans les plus grands musées nationaux d'Allemagne et son œuvre a fait l'objet d'un regain d'attention. Plusieurs expositions lui ont été consacrées en 1979/1980 dont, par exemple, celle de la Neue Nationalgalerie de Berlin (Ouest), *Max Liebermann in seiner Zeit* (Max Liebermann, dans son époque). Une exposition permanente de ses œuvres se trouve à la Villa Liebermann à Wannsee (près de Berlin – ce fut la maison de campagne de l'artiste).

On ne peut cependant oublier que Liebermann, tout comme son contemporain von Stuck, a manqué complètement le tournant du modernisme même si, comme on le verra plus tard, il fut un fervent supporter de la Sécession munichoise, puis berlinoise dont il gardera longtemps la présidence. Ne dira-t-il pas que la seule chose qui soit bonne dans l'expressionnisme et le futurisme, c'est le nom ? On ne pouvait être plus aveugle, mais peut-être, comme on le verra, avait-il déjà suffisamment combattu contre l'académisme et pour l'impressionnisme sans se charger encore d'un autre combat.

Lovis Corinth

Lovis Corinth, de son vrai nom Franz Heinrich Lovis Corinth, né en 1858 en Prusse orientale dans la petite ville de Tapiau (aujourd'hui dans la Fédération de Russie), fut considéré par ses contemporains comme un des grands impressionnistes allemands. Pourtant, la partie la plus abondante et intéressante de son œuvre, celle qui commence avec la peinture *Salome* (Salomé), Harvard Art Museums, réalisée en 1899/1900, ne relève pas vraiment de l'impressionnisme. Ainsi, ses œuvres tardives (Lovis Corinth mourut en 1925) furent-elles qualifiées d'expressionnistes, même si elles n'ont certainement pas la force primitive de celles des artistes de *Die Brücke,* par exemple. En fait, Lovis Corinth, s'il s'inscrit dans son temps par les scènes mythologiques qu'il convoque, la vigueur du trait, l'éclaircissement des couleurs, le dépasse également par le seul fait qu'il n'a pas cherché à se rattacher et encore moins à suivre une école, mais tout simplement à tenter de rendre compte de ce qu'il portait en lui : un appétit immense pour la vie. Richard Muther qui le commente brièvement le classe simplement parmi les peintres berlinois de la nouvelle génération et lui attribue, avec une grande perspicacité, une puissance faustienne[19]. Quoi de plus allemand, en effet, que cette référence au Faust de Goethe pour un peintre qui s'est voulu le fer de lance de la Renaissance de l'art allemand en complète rupture avec l'impressionnisme dominant, et de plus judicieux dans la référence, tant l'appétit pour la beauté, la chair et la vitalité sourdent des œuvres de Corinth. Dans l'histoire de l'art, son œuvre est donc difficilement classable comme le sont, pour d'autres raisons, les œuvres d'Oskar Kokoschka, de Paula Modersohn-Becker ou de Max Beckmann.

---

[19] Richard Muther, *Geschichte der Malerei*, *op. cit.* Vol. III, p. 568.

Lovis Corinth a pourtant suivi un parcours de formation et même de vie étrangement parallèle à ceux de Liebermann (quoiqu'un peu plus indisciplinés). Après des études à l'Académie des Beaux-Arts de Königsberg qui ne lui laisseront pas beaucoup de souvenirs, Corinth part en 1880 pour Munich. Il travaille dans l'atelier de Ludwig von Löfft, puis en 1884 quitte Munich pour Anvers (qu'il trouve ennuyeux) et finalement s'installe à Paris où il s'inscrit à l'Académie Julian. Il suit des cours de Bouguereau, le type même du peintre académique. Encore une fois, comme Liebermann, il semble que Corinth n'ait pas saisi cette occasion pour rentrer en contact avec les peintres impressionnistes de l'époque. Or le groupe impressionniste en était, en 1882, à sa septième exposition collective et des galeries comme celle de Durand Ruelle le promouvaient constamment. La raison en était, peut-être, que la dévorante ambition de Corinth était d'être reconnu et d'obtenir une distinction française afin de rentrer au pays en triomphateur. Alors mieux valait ne pas tenter le diable en innovant mais plutôt se couler dans le moule de l'académisme.

L'ambition de Corinth fut cependant frustrée, et tant mieux peut-être. Corinth décida donc de s'installer à Munich en 1891, ville où il résida neuf ans avant de rejoindre Berlin. À Munich, Corinth fréquente assidûment ses collègues peintres. Il y mène une vie dissipée et se plaît dans la provocation. En 1892 Corinth se joignit au mouvement de la Sécession munichoise, mouvement qui, comme on le verra ultérieurement, se créera en réaction à l'académisme et à l'emprise artistique de Franz von Lenbach, instrument de la politique culturelle du Prince régent de Bavière, Luitpold. Mais cette distanciation vis-à-vis de l'académisme qu'offre la Sécession munichoise, Corinth la juge timide et il fonde en 1893 avec d'autres peintres l'Association Libre. Il est aussitôt exclu de la

Sécession munichoise. Ce coup d'éclat ne lui apporte a priori aucun avantage en termes de reconnaissance locale. Il vend plus d'œuvres à Berlin, où il expose à la Sécession et où le marchand d'art Paul Cassirer l'accueille en 1900 pour une exposition personnelle, qu'à Munich, mais sa production reste de facture assez classique. Il se complaît dans des scènes mythologiques et l'influence d'un Böcklin est souvent évidente dans ses peintures.

En 1901, Corinth quitte Munich pour Berlin où il se marie avec une de ses élèves de 20 ans sa cadette. Il rejoint naturellement la Sécession berlinoise où il expose régulièrement. Son œuvre devient plus personnelle. Il tend à se dégager de l'emprise de l'art français pour une peinture plus expressive où il privilégie la dynamique du trait, les aplats de couleurs vives et surtout les scènes quotidiennes. Certaines de ses peintures de la période 1901-1914, comme *Matinée,* 1905, Stiftung Saarländischer Kulturbesitz, Perl, ou *Nacktheit* (Nudité), 1908, Niedersächsisches Landesmuseum, Hanovre, sont d'une facture très moderne qu'on pourrait rapprocher sans ambiguïté de celles d'un Lucian Freud ou d'un Philip Perlstein. Mais il excelle toujours dans la provocation comme ces scènes de boucherie *Geschlachteter Ochse* (Bœuf abattu), Kunstforum Ostdeutsche Galerie, Ratisbonne, que l'on peut comparer à celle de Soutine. Cette appétence pour la chair, le rouge et les scènes monstrueuses, telle qu'on peut la ressentir dans le tableau intitulé *Das grosse Martyrium* (Le Grand Martyre), 1907, Kunstforum Ostdeutsche Galerie, Ratisbonne, lui vaut une belle réputation de peintre vulgaire, mais cette réputation dans un Berlin qui est de plus en plus habitué aux excès de toutes sortes lui vaut plus d'honneurs que de réprobation.

Corinth, comme la majorité des peintres de son époque, s'est rangé avec enthousiasme derrière la bannière nationaliste et guerrière agitée par l'Empire au moment de la déclaration de guerre de 1914. Sans entrer dans la rhétorique des expressionnistes qui voyaient dans la guerre un processus de purification des civilisations, Corinth en attendait la fin de la suprématie de l'art français et le triomphe de l'art allemand. La désillusion fut rapide et la peinture de Corinth prit une direction tout à fait nouvelle dans les œuvres d'après la Première Guerre mondiale. Le style est cette fois clairement expressionniste. Ce que cherche à montrer Corinth ce n'est plus seulement la vitalité qui se love dans toutes ses précédentes peintures, mais aussi le mystère de cette vitalité. Ainsi, le trait s'efface devant la couleur, la composition du tableau devient plus sobre et la violence des couleurs qui irradie la peinture interpelle le spectateur sur l'ampleur même de cette violence.

Cela est particulièrement visible dans les œuvres à connotation religieuse que Corinth peignit après la Première Guerre mondiale. Ainsi en est-il du *Der rote Christus* (Le Christ rouge), 1922, Bayerische Staatsgemäldesammlungen, Neue Pinakothek, Munich, ou de *l'Ecce Homo,* 1925, Kunstmuseum, Bâle. Pourquoi se référer à une peinture religieuse, alors que des scènes laïques comme celles qu'offre la violence des villes pourraient nourrir une iconographie plus moderne de la vie contemporaine ? C'est que, comme le fait remarquer Eberhard Roters[20] : *La référence au religieux qui loge au cœur du pathos de l'expressionnisme sera à travers l'expérience de la guerre et du front, renforcée et ramenée d'une manière décisive en première ligne de la réflexion. Une des causes de ce retour au religieux sera que le lien entre l'individu et le sens de son existence sera rompu par cette expérience et cela d'autant plus que cette rupture*

---

[20] *Berlin 1910-1933* ; *Die Visuellen Künste*, sous la direction d'Eberhard Roters, Berlin, Éditions Rembrandt Kleinsbuch, 1983, p. 84 et suivantes.

sera la responsabilité des hommes mêmes. Le représentant de cette blessure existentielle, que l'homme a fait subir à l'homme, est le Christ en personne.

Corinth va continuer à peindre dans cette voie jusqu'à sa mort en 1925. Jamais il n'adoptera la manière plus brutale de ses contemporains expressionnistes. En cela il trace une voie moyenne entre une peinture aussi féroce que celle d'un Georg Grosz ou d'un Ludwig Meidner et celle plus contemplative des expressionnistes rhénans. Nous pouvons faire nôtre ce jugement de Ulrike Lorenz dans le catalogue de la rétrospective, *Louis Corinth*, que lui a consacrée le musée d'Orsay en 2008[21] : *Peintre tour à tour académique, naturaliste, impressionniste, expressionniste, comme peu d'autres artistes allemands l'ont été, excepté Max Beckmann et Otto Dix (1891-1969), Corinth refuse toute classification trop restrictive de l'histoire d'art. L'œuvre de sa vie se lit comme la tentative d'une auto-affirmation. Ainsi n'a-t-il toujours pas trouvé sa place dans l'histoire de l'art. Il demeure un solitaire, non conforme à son époque.*

Max Slevogt

Moins connu de nos jours, mais tout aussi reconnu à son époque que von Stuck et Liebermann, Max Slevogt, né en 1868 à Landshut, est considéré comme le troisième grand impressionniste de l'Allemagne du tournant du siècle. Il est le deuxième fils d'un officier de haute naissance, Friedrich Ritter von Slevogt, qui s'illustra comme *Sabreur* avant d'être mortellement blessé dans la guerre franco-prussienne de 1870/71. En 1872 la famille Slevogt déménage à Munich et environ deux ans plus tard

---

[21] *Lovis Corinth (1853-1925). Entre impressionnisme et expressionniste, op. cit.* p. 46 de la bibliographie établie par Ulrike Lorenz.

s'installe à Würzburg. Là, Slevogt suivra les leçons de Ludwig Prechtlein qui l'introduira à la poésie, à la mythologie et aux épopées. En 1884 la famille retournera à Munich où Max Slevogt s'inscrit auprès du peintre et dessinateur Wilhelm von Diez. Le choix de cet artiste n'est pas anodin. Le jeune Slevogt avait été séduit par le côté fabuleux et fantastique des enseignements de Prechtlein. Or à cette époque une partie des artistes de Munich s'était prise d'engouement pour la Renaissance allemande. Les artistes s'entouraient de veilles armoiries, vêtements et armes. *Tous les appartements donnaient l'impression d'être sortis du XVIe siècle*[22], et bien sûr ces appartements ne pouvaient être décorés que de peintures reproduisant le style de cette Renaissance allemande. Ainsi, selon Muther, commençait à Munich le temps de l'art du faux (*Fälschungskünste*). Au sommet de cette école fausse Renaissance se trouvait Wilhelm von Diez (qui donna aussi des leçons à Franz Marc !). Ce dernier avait un goût très fort pour les peintures hollandaises du XVIIe siècle, mais il aimait par-dessus tout peindre des scènes baroques remplies de costumes chatoyants, de carrosses conduits par des Maures, de chevaux d'un blanc immaculé, etc. Ces références avaient dû plaire au jeune Slevogt comme réminiscences de son éducation à Würzburg. Par ailleurs, von Diez était considéré comme un très bon illustrateur et pédagogue.

C'est probablement à cette époque que Slevogt abandonna l'idée de devenir chanteur, profession qu'il avait un temps considérée. Remarquons que beaucoup d'artistes allemands se sont trouvés confrontés à ce choix de carrière et que, ayant choisi la peinture, leurs œuvres peintes ont souvent été influencées par la théorie musicale. Certes la culture musicale est très forte en Allemagne,

---

[22] Richard Muther, *Geschichte des Malerei, op. cit.* Vol. III, p. 491.

mais ce n'est pas ici un facteur déterminant. En effet, les grands peintres allemands de la modernité comme Paul Klee, Wassily Kandinsky ou Oskar Schlemmer ont recherché délibérément à intégrer la musique dans la peinture en essayant de donner à cette dernière une base structurelle comparable à la théorie de l'harmonie en musique. Inversement, des musiciens comme Arnold Schönberg ou Herwarth Walden se sont exprimés aussi dans la peinture pour l'un, dans la littérature et la promotion des artistes pour l'autre. Nous n'en sommes pas encore là avec Slevogt, mais une grande partie de son œuvre ne peut être interprétée sans référence à sa passion pour la musique (musique classique, il est vrai, et en particulier celle de Mozart).

Durant son séjour à Munich, où il fréquenta l'Académie des Beaux-Arts, l'art de Slevogt évolua lentement en s'éloignant de l'académisme. Sa palette devint plus légère et il obtient ces premiers succès avec le portrait de sa mère peint en 1887. Slevogt va aussi étendre son activité aux illustrations, comme celles consacrées aux sonates de Robert Schumann. En 1889, son diplôme en poche, Slevogt entreprend un voyage à Paris où il s'inscrit à l'Académie Julian. Comme Liebermann et Corinth, Slevogt ne semble pas être rentré en contact avec les peintres impressionnistes. Certains historiens d'art[23] supposent cependant qu'il n'a pas pu ne pas visiter l'exposition du centenaire de la Révolution française où parmi les œuvres d'artistes comme David, Delacroix, Courbet, etc. se trouvaient aussi de nombreux tableaux de peintres impressionnistes français dont Manet (classé à l'époque comme impressionniste). L'expérience parisienne fut donc peu déterminante à cette date dans l'œuvre de Slevogt.

[23] Michael Freitag, *Max Slevogt*, Berlin, Henschel Verlag, 1988.

De retour à Munich en 1890, Slevogt va ouvrir son propre atelier et travailler dans deux directions : la peinture et les illustrations d'ouvrages. Pour ce qui est de la peinture, Max Slevogt va rechercher son propre style, en fait fortement inspiré par Manet. Cependant il ne s'éloignera pas du style dit naturaliste que pratiquèrent à leurs débuts, outre Liebermann et Corinth, d'autres artistes tels que Hans Thoma ou Wilhelm Trübner. Il resta aussi insensible au style plus décoratif d'autres peintres munichois représentés par Franz von Stuck, Walter Leistikow, Peter Behrens ou Julius Exter. La Sécession munichoise dont la première exposition se tint en été 1893 lui offrit la première occasion d'établir sa réputation. Il y exposa sa *Danaë,* 1895, Lenbachhaus, Munich, qui choqua le public par sa frontalité et la réalité crue des personnages représentés, ce qui lui valut la réputation d'être « le peintre de l'horreur ». Slevogt prit finalement la décision de retirer cette peinture incomprise du public. Mais la qualité de l'œuvre et l'originalité de son exécution n'échappèrent à aucun de ses collègues et son ami Walter Leistikow[24] l'invita à participer à la Sécession berlinoise.

En 1901 Slevogt s'installa définitivement à Berlin. Bien lui en prit, car il créa une autre sensation, très positive cette fois, en exposant en 1912 à la Sécession berlinoise son Francisco d'Andrade, connu sous le nom *Der weisse d'Andrade* (d'Andrade le blanc). Cette peinture du chanteur d'Andrade dans son habit de scène du Don Juan de Mozart est probablement une de ses meilleures œuvres. Selon Michael Freitag elle symbolise l'artiste triomphant qui entend jouer un rôle de libérateur intellectuel dans un monde dominé par une économie

[24] Walter Leistikow (1865-1908) est un peintre injustement oublié qui peignit dans le style impressionniste de très belles toiles de paysages dont certaines peuvent se comparer aux plus belles œuvres des peintres nordiques.

triomphante et dénué d'idéaux. Durant toutes ces années berlinoises, le style de Slevogt n'évolua guère. Il fit une série de peintures de chanteurs lyriques comme d'Andrade (de nouveau, mais dans différents rôles) ou Marietta di Rigardo (chanteuse d'opéra) et de paysages dans un style proche de Manet. À cela il faut ajouter ses peintures orientalistes inspirées par son voyage en Égypte. Ce n'est que sur la fin de sa vie que ses peintures, en particulier celles sur fresque, prennent un tour très original. Malheureusement ces œuvres ont été détruites et seules des photographies subsistent.

L'activité de Slevogt comme illustrateur se révéla très prolifique. L'occasion lui fut donnée de développer cette activité par Paul Cassirer qui le prit sous contrat en 1899 et édita toute une série d'ouvrages entre 1903 et 1929. Ainsi parut en 1903 *Ali Baba* illustré de 13 lithographies ; en 1918 *Die Eroberung Mexikos* (la conquête du Mexique) avec 112 lithographies ; en 1921 *Die Insel Wak-Wak* (l'île Wak-Wak) avec 54 lithographies ; en 1921 encore *Ovide* ; en 1924 *Die Zauberflöte ; Randzeichnungen zu Mozarts Handschrift* (Dessins en marge de la Flûte enchantée de Mozart) ; en 1926 *Schatten und Träume* (Ombres et rêves) et en 1929 *Faust, deuxième partie*, avec 510 lithographies et 11 gravures, pour ne mentionner que les plus importantes.

La carrière de Slevogt s'achève dans les honneurs. Après avoir été nommé en 1917 membre de l'Académie Royale des Beaux-Arts de Prusse, il en prit sa direction après le départ de Liebermann. Il a reçu de nombreuses distinctions et médailles. Il s'éteignit brusquement en 1932. L'œuvre de Slevogt est maintenant peu connue du grand public et de rares expositions lui ont été consacrées, en Allemagne seulement, où ses œuvres sont souvent présentées en association avec celles de Liebermann et Corinth.

Tel était l'art allemand que le public friand d'expositions était donc amené à contempler et à acheter à la fin du XIXe siècle. Même si l'on s'en tient aux grands noms que nous avons cités ici, il faut convenir qu'à l'exception notable de Corinth, aucun de ces artistes, aussi talentueux aient-ils été, n'a engendré de véritable révolution artistique. Le décalage est frappant entre l'évolution de l'art en France à la fin du XIXe siècle où les prémisses de l'art moderne se dessinent clairement et le papillonnement de l'art allemand autour d'un style clairement dépassé : l'impressionnisme. C'est que, redisons-le au risque de nous répéter, le défi à relever était immense. Le conservatisme de la bourgeoisie allemande sans doute plus forte qu'ailleurs, le respect de la tradition, le nationalisme sourcilleux de l'Empereur, tout concourait à décourager, étouffer ou restreindre l'éclosion de nouveaux talents. La forteresse ne pouvait être prise que de l'intérieur en s'essayant à une politique d'entrisme, et une fois seulement ses fortifications effondrées on pouvait achever le travail de l'extérieur.

Superficiellement, Jules Huret avait probablement raison, mais il n'a pas senti ou voulu sentir ce mouvement souterrain qui allait amener l'Allemagne, en fait Berlin, à devenir avant la Première Guerre mondiale une des plus grandes capitales artistiques de l'Europe après Paris.

CHAPITRE III

La forteresse académique ébranlée

La révolte contre l'art officiel et ses thuriféraires se devait d'être courtoise et menée par des peintres aux talents reconnus afin d'asseoir la légitimité de la contestation et ne pas engendrer de réactions trop fortes des autorités. Cette révolte prit, dans un premier temps, la forme des Sécessions, c'est-à-dire d'expositions concurrentes des expositions officielles et des Salons dans des lieux indépendants de la puissance publique, gérés par un bureau librement choisi par les exposants. Cette défiance envers l'académisme officiel - commencée en France avec, par exemple, la création d'un Salon Indépendant par Courbet à Ornans, le Salon des Refusés (que Napoléon III accepta d'organiser en 1861), le Salon des Indépendants en 1884 et la Sécession du Champ de Mars en 1891 - était aussi présente en Allemagne. Mais toute organisation d'expositions hors des Salons officiels pouvait être assimilée dans ce pays à un véritable affront au pouvoir.

Ainsi la gestion diplomatique de la création de ces Sécessions représentait, dans le contexte de l'époque, un véritable défi. De plus, ces Sécessions n'étaient pas seulement une occasion pour les artistes réfractaires à l'académisme de s'exprimer librement, mais elles jouaient également le rôle de Cheval de Troie pour introduire l'art étranger en Allemagne. On peut difficilement imaginer que les efforts d'un Paul Cassirer[1], propriétaire avec son frère d'une des meilleures galeries de Berlin, d'un Hugo von Tschudi, Directeur de la Nationalgalerie de Berlin et ouvert à l'art moderne, ou d'un Herwarth Walden, galeriste berlinois, éditeur, entre autres, de la fameuse revue *Der Sturm* (La tempête), pour faire connaître cet art d'avant-garde auraient eu autant de succès si cet art n'avait pas été exposé, même assez chichement, dans les différentes Sécessions. Ainsi ce créa une sorte de mécanisme de fuite qui permit à l'art moderne de s'introduire en Allemagne. Si son introduction officielle se heurtait, d'une part, au diktat politique qui en interdisait pratiquement toute présentation dans les musées nationaux, il faisait, d'autre part, une entrée discrète dans les Sécessions. En effet, les autorités, acculées par une diplomatie habile à ne pas s'opposer frontalement à eux, avaient pratiquement perdu le contrôle sur le contenu de ce qui y était exposé.

Les Sécessions, alternatives aux Salons officiels

La première de ces Sécessions fut celle de Düsseldorf en 1891. Que cette première Sécession ait eu lieu en pays rhénan n'est pas anodin. On verra en effet que la proximité de cette région avec la France contribua à une plus grande perméabilité artistique entre ces deux espaces. Cependant, elle est peu documentée et serait passée inaperçue si elle n'avait été suivie par deux Sécessions d'une tout autre

---

[1] On pourra avoir une idée de l'activité de Paul Cassirer en consultant les six forts volumes qui ont été consacrés aux expositions qui eurent lieu à la galerie Cassirer entre 1898 et 1914. Voir : Bernhard Echte et Walter Feilchenfeldt, *Kunst Salon Cassirer*, Wadenswill (Suisse), Editions Nimbus, Kunst und Bücher A.G., 2013.

importance : celle de Munich en 1892 et surtout celle de Berlin en 1898 qui toutes deux recherchaient à sortir de l'académisme.

La Sécession munichoise

En Bavière, comme dans tous les autres *Länder* allemands (circonscription territoriale allemande) qui constituaient l'Empire, la responsabilité pour la gestion de la culture avait été déléguée à l'exécutif, c'est-à-dire, au Prince régent Luitpold qui avait succédé à Louis II de Bavière. Le Régent, comme l'Empereur, avait en matière artistique des goûts conservateurs. Il avait investi sa confiance pour la gestion de la culture à Munich, qui incluait bien sûr la peinture et les arts plastiques, dans Franz von Lenbach, peintre d'un académisme absolu qui fabriquait des portraits de Bismarck à la chaine.

Lenbach gérait la scène artistique munichoise, tout du moins la scène officielle, en appliquant une politique d'exclusion systématique des expositions officielles de tous les mouvements artistiques non réalistes, c'est-à-dire ceux représentés par la peinture dite de plein air, en fait l'impressionnisme, le symbolisme (alors que von Stuck était le grand peintre de Munich) et le nouvel idéalisme, c'est-à-dire Böcklin. Les expositions officielles se tenaient à Munich, en général au Palais de Verre, un immense édifice bâti pour la promotion de l'industrie bavaroise. Le genre historique était le seul à pouvoir prétendre aux cimaises de ce palais.

Les peintres munichois avant-gardistes furent particulièrement outrés de leur exclusion de la grande exposition annuelle qui se tint en 1889. Ils décidèrent alors de fonder une association, l'Association des Artistes Peintres de Munich, pour exposer leurs travaux. Mais c'était là la partie la plus facile de l'entreprise, car il restait à cette Association pour exister à passer deux obstacles de taille : mobiliser le financement et trouver - c'était la plus grande difficulté - une sorte de statut légal acceptable au pouvoir en place.

Les difficultés financières furent rapidement résolues malgré l'ambition considérable du projet. Il ne s'agissait pas moins que de trouver les fonds nécessaires pour construire ou acheter un immeuble capable d'abriter des expositions importantes qui pourraient concurrencer celles sponsorisées par le pouvoir. Il était, bien sûr, irréaliste de compter sur une quelconque subvention officielle. De même on ne pouvait compter sur les artistes eux-mêmes souvent démunis. L'Association eut alors la bonne fortune d'intéresser deux mécènes : Georg Hirth, le fondateur de la revue *Jugend* (Jeunesse) qui encourageait le *Jugendstil* (l'Art nouveau), revue qui connut à l'époque un immense succès, et Adolph Paulus[2]. Ces deux mécènes mirent en place un fonds de garantie de 136.000 marks or.

Politiquement ensuite, il fallait donner des gages de respectabilité artistique au pouvoir. Les jeunes artistes qui brûlaient d'en découdre furent découragés de participer aux instances dirigeantes de la future Sécession. L'astuce fut de nommer à la direction de la Sécession tout un aréopage de personnalités dont la respectabilité et l'allégeance au pouvoir ne pouvaient laisser planer aucun doute sur leurs intentions futures. On y trouvait, par exemple, des membres de l'Académie des Beaux-Arts de Munich et des talents reconnus et peu controversés comme Fritz von Uhde.

Ensuite, les statuts de la Sécession furent très régulièrement déposés auprès du Ministère de la Culture du *Land* de Bavière, accompagnés d'un mémorandum

---

[2] *Münchener Secession: Geschichte und Gegenwart*, München, Berlin, London, New York, Edition Prestel, 2007, p. 12.

définissant les buts de la nouvelle Sécession. Le langage était particulièrement prudent et subtil. Par exemple, il était dit dans ce mémorandum que la Sécession devait accueillir tous les talents, c'est-à-dire dans l'esprit des officiels, des représentants du réalisme académique et de l'impressionnisme (dans le sens restreint mentionné plus haut). Par contre, il n'était pas spécifié que ces peintres devaient être allemands laissant ainsi la porte ouverte à des artistes beaucoup plus radicaux. Cette nuance échappa aux autorités qui publièrent ce mémorandum dans les « Nouvelles de Munich ».

Cette manière policée d'aborder des questions politiquement sensibles fut couronnée de succès et les négociations avec le Ministère de la Culture et le Prince régent aboutirent à l'octroi par la couronne de Bavière d'un droit au bail (de cinq ans seulement, car les autorités se méfiaient tout de même de l'évolution de cette Sécession) sur un terrain propice à accueillir l'immeuble de la Sécession. Dans l'euphorie d'avoir ainsi convaincu le Prince régent, les organisateurs de la Sécession offrirent même à Franz von Lenbach la présidence de la Sécession (une nomination directe en contradiction avec les statuts de la Sécession). Ce dernier comprit rapidement que cette nouvelle structure pourrait potentiellement échapper au contrôle de l'État malgré les garanties qu'apportait la présence en son sein de personnalités entièrement dévouées à la cause de l'académisme. Il craignit d'être pris entre ses obligations vis-à-vis du Prince régent et les nouvelles responsabilités qu'il aurait à assumer à la tête de la Sécession, sources potentielles de conflits d'allégeance. Il déclina poliment l'offre.

En opposition totale avec la gestion des Salons par les autorités culturelles de Bavière, le processus décisionnel de la Sécession prévu par les statuts était parfaitement autonome et démocratique. Devenir membre de la

Sécession ne nécessitait qu'une simple inscription sans aucune forme de contrôle, et le Président et ses assesseurs étaient nommés par les membres de la Sécession. Le jury, qui présidait à la sélection des peintres admis à présenter leurs œuvres aux différentes expositions organisées par la Sécession, était choisi par la direction. La Sécession était donc une structure entièrement autogérée. Le 16 juillet 1893, la Sécession, sise dans son nouvel immeuble au coin de Prinzregentenstrasse (rue du Prince régent ; ça ne s'invente pas !) et de Pilotystrasse, ouvrait ses portes. À l'occasion de son inauguration, son président fraîchement nommé, le Professeur Bruno Pilheim de l'Académie des Beaux-Arts de Munich, accueillait le Prince régent.

Aux 11 membres, qui avaient à l'origine conçu l'idée de la Sécession, vinrent s'ajouter 96 autres artistes, parmi eux : Hans Thoma, Peter Behrens (qui révolutionna l'architecture de son temps), Adolf Hölzel (précurseur du modernisme avec des œuvres proches de celles de Gabriele Münter ou d'Alexej von Jawlensky) et Max Liebermann.

Pour le public, qui visitait pour la première fois les expositions de la Sécession, l'immeuble lui-même était déjà une nouveauté. Contrairement au Palais de Verre avec ses immenses salles encombrées de bas en haut de peintures en tous genres[3], l'immeuble de la Sécession comportait douze salles bien éclairées, disposées autour d'une rotonde centrale. Dans chaque salle, le nombre de peintures exposées avait été limité de sorte que l'attention du spectateur ne soit pas distraite par l'abondance des œuvres et puisse ainsi se concentrer sur les quelques

[3] On classait les peintures en genres. En haut de l'échelle, les peintures d'histoire, venaient ensuite les peintures de genre, c'est-à-dire des scènes de la vie quotidienne, et en bas de l'échelle les natures mortes et les paysages.

peintures présentées. Remarquons que cette conception muséologique de la présentation des œuvres, qui nous semble fort banale de nos jours, était révolutionnaire pour l'époque. Toutes les Sécessions à venir, de même que les galeries de peinture, vont s'inspirer du concept de présentation développé par la Sécession munichoise.

Venait alors une question essentielle : quels peintres exposer ? Une attention particulière devait être prêtée à la sélection des artistes car l'ambition de la Sécession était de montrer ce que sa direction appelait l'élite de la peinture. Dès les premières expositions, le jury qui sélectionnait les artistes s'engouffra dans la brèche mentionnée plus haut. À côté des vieilles gloires de la peinture allemande dont les deux écoles étaient représentées comme l'autorisaient les statuts, soit l'école naturaliste et impressionniste, avec Liebermann, von Uhde, Corinth, Thoma, Slevogt, Willem Trübner, Behrens, Julius Exter, Théodore Hein, Walter Leistikow et von Stuck, on trouvait également l'école française avec Camille Corot, Gustave Courbet et le sculpteur Auguste Rodin.

Un autre aspect révolutionnaire de cette Sécession fut la place donnée au mouvement *Arts and Crafts* à travers les œuvres de Walter Crane. Ce mouvement, initié en Angleterre dans les années 1860 par William Morris et Walter Crane, visait à revitaliser un artisanat dont le savoir-faire était, selon ses initiateurs, menacé par le processus d'industrialisation galopante. La destruction de ce savoir-faire affectait tous les secteurs, architecture et objets du quotidien compris. Cette préoccupation était partagée par de nombreux artistes de l'époque. Le magazine *Jugend*, dont nous avons dit que le propriétaire était un des mécènes de la Sécession munichoise, se fera le porte-parole de cette idée qui se cristallisera dans le mouvement *Jugendstil* dont le style floral (ou *nouille* comme diront quelques mauvaises langues françaises) sera incarné dans de nombreuses œuvres exposées dans les futures Sécessions. L'idée de promouvoir un artisanat de qualité fera son chemin à travers de nombreux mouvements. On la retrouvera dans les *Wiener Werkstätten* (Ateliers viennois) initiés en 1905 à Vienne et bien sûr au *Bauhaus* créé en 1919 à Weimar.

Le succès de cette Sécession munichoise fut immense. Elle accueillera 4.000 visiteurs le jour même de son inauguration (un autre indice de l'appétit du public allemand pour l'art) et elle servit d'exemple au niveau de sa structure décisionnelle, du processus de sélection des artistes et de la présentation des œuvres aux Sécessions futures, celles de Dresde en 1893, de Karlsruhe en 1896, de Vienne en 1897 et bien sûr de Berlin en 1898.

Dans une optique de lutte contre l'académisme, la clé du succès se trouvait, bien évidemment, dans le choix des artistes. Encore une fois, si l'on voulait survivre et prospérer il fallait maintenir un équilibre entre les artistes tenant d'un certain académisme et d'autres plus enclins à développer d'autres formes d'art. Cette politique prudente ne convint pas à certains artistes. Ce fut le cas de Corinth qui rapidement en vint à contester les choix de la Sécession. Pour lui, une place plus importante devait être attribuée dans les expositions aux tenants de l'impressionnisme, au sens français du terme. C'était là, on le sait, une proposition hasardeuse. Devant les réticences de la direction, Corinth quitta la Sécession pour créer son propre groupe, sans pour autant affecter les adhésions à la Sécession.

La direction de la Sécession se montra ainsi, par tactique, assez conservatrice dans le choix des artistes allemands. Rien dans ces sélections ne pouvait choquer véritablement les autorités. Par contre, elle se montra beaucoup plus aventureuse dans le choix des artistes étrangers. Et on comprend aisément pourquoi. La politique culturelle de Guillaume II s'appliquait directement aux artistes allemands car son objectif était, comme on le verra plus tard, de créer un art authentiquement allemand. Les artistes étrangers ne pouvaient être concernés par cette politique et ainsi, protégés des oukases impériaux, rien ne pouvait s'opposer à ce qu'ils exposent en Allemagne (mais bien sûr pas dans les musées nationaux). Et c'est précisément là où la politique de la Sécession se montra particulièrement adroite. Sans offenser les artistes allemands, largement représentés dans les expositions, des artistes internationaux comme Henri de Toulouse Lautrec, Edouard Manet, Lucien Pissaro, Alfred Sisley, James Whistler et Felix Vallonton furent invités à y exposer leurs œuvres. Le public et les professionnels pouvaient aisément se faire une opinion quant aux décalages existants entre la peinture allemande et la peinture des artistes étrangers.

La Sécession fit également une place à l'illustration de presse en prêtant ses murs aux artistes qui dessinaient pour les plus grands journaux allemands comme *Jugend* ou le magazine satirique *Simplicissimus*, ainsi qu'aux illustrateurs étrangers. La Sécession continua sa politique de soutien à l'artisanat en exposant des artistes venant des États-Unis avec Charles Lewis Tiffany, de France avec Edouard Colonna, de Russie avec Pierre Karl Fabergé et d'Angleterre avec Charles Rennie Macintosh et William Morris. Elle fit aussi connaitre la très importante collection de textiles du Consul Wilhelm Korte composée de costumes, broderies et châles provenant des pays d'Amérique du Sud et d'Asie. Cette présentation d'un *art primitif* au sein d'une institution dévouée essentiellement à la peinture ne sera pas sans conséquence sur l'art moderne, en particulier pour les artistes du groupe *Die Brücke*. Finalement, la Sécession organisera même une exposition de photographies en 1898 ! Selon les mots de Bettina Best[4] : *En quelques années, la Sécession réussit à réorienter la scène artistique dans toute l'Allemagne et dans l'Autriche voisine.*

Toutefois, les vieux réflexes ne furent pas perdus. En 1899, Fritz von Uhde prit la tête de la Sécession et eut la malencontreuse idée d'organiser une exposition sur le thème des *Chefs-d'œuvre de la Renaissance*. Ce fut la consternation générale et malgré l'intérêt réel de l'exposition, von Uhde fut considéré comme un réactionnaire. Conscient de sa bévue, von Uhde organisa une autre exposition où figuraient des peintres aussi avant-gardistes que Van Gogh, Jan Toorop et même Edvard Munch ce qui, au regard du scandale que ces œuvres avaient causé à Berlin lors de leur exposition en 1892, était fort osé. Mais avec ce faux-pas l'esprit du lieu était perdu et de nombreux artistes quittèrent la Sécession et en particulier Wassily Kandinsky (voir Chapitre V).

En conclusion, quelles leçons peut-on tirer de la Sécession munichoise au regard de la stratégie de contournement de la politique culturelle impériale ? D'abord, qu'une confrontation brutale avec les autorités n'aurait probablement pas donné d'aussi bons résultats que la stratégie décrite plus haut. Mais il faudrait aussi ajouter que cette stratégie n'a été rendue possible qu'en raison de deux éléments. D'abord, la mentalité munichoise a toujours été ouverte aux compromis et ce fut bien le cas lors des discussions entre le représentant du Régent et la direction de la Sécession. Ensuite, on ne peut vraiment pas dire, contrairement à ce qu'affirme Bettina Best (voir Note 4), que la politique de la Sécession en matière d'expositions ait été réellement révolutionnaire ; le faux pas de von Uhde le montre suffisamment. Et c'est

---

4 *Münchener Secession: Geschichte und Gegenwart, op. cit.* p. 16.

précisément cette politique du compromis qui amena de nombreux artistes à désespérer de la Sécession munichoise. Pour prendre la forteresse académique de l'intérieur, il fallait frapper plus fort, c'est ce qu'on espérait de la Sécession berlinoise.

La Sécession berlinoise

Alors que l'aura de la Sécession munichoise déclinait, l'intérêt des artistes pour Berlin gagnait en intérêt en raison de la puissance économique de cette métropole, élément moteur d'un marché de l'art dynamique, de l'esprit frondeur de ses habitants, plus ouverts aux innovations artistiques, et de son caractère cosmopolite, tout un ensemble de caractéristiques qui contrastaient fortement avec la mentalité nonchalante et conservatrice de Munich.

La création d'une Sécession à Berlin fut pratiquement la plus tardive de toutes les Sécessions en Allemagne en raison de la forte ingérence de la puissance publique. Sous le règne de Guillaume II, deux organisations berlinoises se partageaient la gestion des expositions : l'Académie Royale des Arts et l'Association des Peintres Berlinois. Cette dernière avait un caractère privé, mais elle était largement dépendante de l'État pour son financement. Son autonomie décisionnelle était donc pratiquement nulle. De plus, elle avait à sa tête depuis 1897 le peintre Anton von Werner, spécialiste des peintures d'histoire et surtout de scènes de bataille, donc un conservateur bon teint, qui avait toute la confiance de l'Empereur. Mais le conservatisme, en soi, ne constitue pas une idéologie culturelle. Ce que défendait Anton von Werner était un art dit « réaliste », c'est-à-dire, dans son jugement, un art accessible à tous.

Insistons sur ce dernier point car il va être à l'origine de toutes les incompréhensions futures dans le développement de l'art allemand. Les autorités allemandes, quelles qu'elles fussent, partaient de cet a priori qu'un art qui ne copie pas strictement la réalité n'était pas accessible à tous. Alors que l'imaginaire florissait en Allemagne dans tous les domaines, musique, philosophie, littérature, etc., elle était empêchée de se déployer dans les images. On en perçoit vite la raison. Si, comme le soutenaient les autorités, la peinture devait refléter la réalité, cette réalité était celle que la classe politique et les classes dominantes voulaient imposer. La peinture « réaliste » était donc la seule peinture politiquement correcte.

La critique officielle de la peinture « non réaliste » dissimulera l'idéologie politique qui la sous-tendait en accusant ses promoteurs de peindre pour l'élite, ce que ne pouvait supporter Anton von Werner ou Guillaume II. Le discours que ce dernier prononça en 1901 à l'inauguration de l'Allée de la Victoire, un monument kitsch supposé rendre hommage aux grands ancêtres des Hohenzollern, ne laisse planer aucun doute à ce sujet. Il déclara en effet[5] : *Prendre soin de l'idéal c'est cela le travail de la culture et si nous voulons être et demeurer un exemple pour les autres nations, la collaboration de tout un peuple est nécessaire et si la culture doit y contribuer, alors il faut qu'elle aille à la rencontre du peuple jusque dans les classes les plus modestes ; et cela ne peut se faire sans l'appui de l'art ; encore faut-il que celui-ci s'élève plutôt que de choir dans le caniveau.*

---

[5] Peter Paret, *Die Berliner Secession : Moderne Kunst und ihre Feinde im Kaiserlichen Deutschland*, Berlin, Editions Severin und Siedler, 1981, p. 41. Nous avons utilisé les nombreuses informations factuelles de ce livre très fouillé pour rédiger notre section sur la Sécession berlinoise.

Ce commentaire de Guillaume II, qui visait directement l'art d'avant-garde, c'est-à-dire l'impressionnisme (dans le sens restreint déjà défini), fut moyennement reçu et joyeusement caricaturé dans les journaux satiriques. C'est dire si le contenu de toutes les expositions était soigneusement analysé pour éviter toutes « fautes de goût ». Le scandale causé par l'exposition des œuvres d'Edvard Munch est un bon exemple de l'extrémisme de la censure des autorités. En 1892, l'Association des Peintres Berlinois décida d'organiser une exposition des travaux d'Edvard Munch. Elle invita donc l'artiste à se rendre à Berlin, où il arriva début novembre de la même année avec 55 peintures et dessins destinés à être exposés dans la Rotonde d'Honneur de l'Association. L'exposition fit immédiatement scandale et le jury qui avait décidé du choix des œuvres fut taxé d'incompétence. Anton von Werner fut sollicité pour mettre fin sans délai à l'exposition, ce qui ne put se faire sans l'aval de l'assemblée générale de l'Association. Cette dernière fut immédiatement convoquée et décida par 120 voix contre 103 la clôture de l'exposition et la dissolution du comité de sélection. Cette brutale fermeture de l'exposition sans explication ni regard pour l'artiste invité en dit long sur l'influence du politique dans la vie artistique berlinoise. Mais la frustration des autorités ne prit pas fin avec cette fermeture. En effet, parmi les 103 opposants à la clôture de l'exposition, 48 cosignèrent un texte critiquant l'attitude d'Anton von Werner. En représailles, ce dernier exigea et obtint que ceux des artistes qui avaient signé la pétition alors qu'ils occupaient une position d'enseignant dans les écoles d'art démissionnent de leurs fonctions.

Comment analyser ce vote négatif des membres de l'Association (à une petite majorité il est vrai) ? Il y a à cela deux raisons essentielles qui ne recoupent pas nécessairement la querelle des anciens et des modernes comme on pourrait le penser a priori. La première est que Berlin comptait beaucoup d'artistes qui vivaient en général fort mal de leur art. La multiplication des Salons offrait à ceux-ci un certain réconfort en accroissant les possibilités de vente. Il n'en restait pas moins que l'offre de peintures était excédentaire par rapport à la demande. L'Empire subventionnait au maximum les artistes nécessiteux à travers des commandes publiques et des bourses, mais là encore le budget restait modeste. Ainsi beaucoup de peintres berlinois voyaient-ils d'un mauvais œil cette concurrence étrangère. Notons que ce ressentiment vis-à-vis des peintres étrangers prit quelques années plus tard une dimension autrement significative à la suite de la publication du pamphlet de Carl Vinnen (voir plus loin). La seconde raison tient au fait que les galeries privées qui avaient pignon sur rue, comme celle de Paul Cassirer, ne s'intéressaient pas à l'art académique qui était le fait de la majorité de ces artistes. On peut donc en conclure que ce vote négatif était plus le reflet de préoccupations économiques que de considérations esthétiques.

Ainsi l'interventionnisme de l'Empereur dans les affaires culturelles n'était pas seulement lié à son goût pour la chose artistique mais surtout à une volonté politique délibérée de maintenir un certain égalitarisme culturel. On a dit l'Empereur Guillaume II peu intelligent. Ici il s'agit d'une grande naïveté. Comment ne pouvait-il pas comprendre que c'était une illusion d'intéresser toutes les classes sociales à un même style d'art et ne pas réaliser que « son art » était avant tout un art de classe qu'il voulait imposer à tout le monde (les scènes de batailles de Anton von Werner montraient surtout les généraux et les officiers, et non les simples soldats) ? Anton von Werner était bien conscient de la fragilité d'une telle posture et ce n'était pas sans inquiétude qu'il voyait surgir dans les autres *Länder* des Sécessions qui favorisaient la diversité stylistique avec toute la charge politique que cela impliquait. Mais la tradition prussienne était que l'on ne s'éloigne pas du Roi, qu'on s'en rapproche tout au contraire.

Une telle position était-elle soutenable dans le long terme ? Déjà de petits groupes d'artistes, sans quitter nécessairement l'Association des Peintres Berlinois, exposaient dans des lieux privés. Ainsi en était-il du groupe dit des *Onze* qui comprenait des artistes comme Klinger, Liebermann, Franz Skarbina, Fritz Stahl, Leistikow entre autres qui exposèrent en 1892 à la galerie Schulte. Cette première exposition fondée sur les principes organisationnels de la Sécession munichoise, c'est-à-dire exposer d'une manière aérée peu d'œuvres mais de qualité, fut un succès. Encouragé par des ventes significatives, le groupe exposa tous les ans jusqu'en 1897 où il cessa d'exister. La galerie devint éventuellement un lieu de visite à la mode où l'on pouvait se frotter à l'art avant-gardiste.

De plus, certains artistes, bien qu'appartenant à l'Association, se jugeaient ostracisés par sa direction en raison de leurs orientations stylistiques et le firent savoir bruyamment. Ainsi en était-il de Leistikow qui attaqua violemment Anton von Werner à l'occasion de l'exposition Munch et de Liebermann qui, malgré la reconnaissance du public, se trouvait injustement traité par les autorités. Ce dernier vivait très difficilement le fait que Anton von Werner avait été fait membre de l'Académie des Beaux-Arts à 30 ans, alors que lui, à 45 ans, n'appartenait pas encore à ce cénacle. Il imputait cette situation à son style de peinture exécré par l'Empereur.

Anton von Werner surveillait donc attentivement la situation, mais les évènements lui échappèrent. Malgré toutes les difficultés politiques de créer un mouvement sécessionniste, la frustration ressentie par beaucoup d'artistes devant la politique répressive et conservatrice de l'État en vint, en 1898, à compenser les risques de la création d'une Sécession berlinoise. L'élément déclencheur de cette création fut le refus par le jury de l'Association des Peintres Berlinois de retenir pour le Salon de 1898 une toile de Leistikow *Coucher de soleil sur Grunewald.* Meurtri, Leistikow proposa à Liebermann et à nombre de ses amis de se retirer de l'Association. Liebermann fut plutôt favorable à une négociation avec la direction de l'Association en proposant à cette dernière de s'ouvrir plus largement à des artistes moins académiques. L'Association resta inflexible.

C'est ainsi que le 2 mai 1898, un groupe de 65 hommes et femmes (qui, à l'époque, ne pouvaient être admises à l'Association) décidèrent de créer une Sécession berlinoise. Max Liebermann en fut nommé Président et ce fut là un choix prudent, car Liebermann était à l'époque, comme nous l'avons mentionné, au sommet de sa gloire et il aurait été difficile de l'attaquer de front sans créer un profond malaise dans la communauté artistique berlinoise comme d'ailleurs parmi ses admirateurs qui étaient fort nombreux. Mais ce choix était aussi porteur de déceptions futures, car comme nous l'avons mentionné, le personnage n'était pas très ouvert aux nouvelles tendances qui florissaient en Europe. Pour Liebermann, l'impressionnisme et, à la limite, le néo-impressionnisme étaient tout ce que l'art moderne pouvait produire d'acceptable. Leistikow fut nommé secrétaire général, comme pour indiquer aux autorités que la Sécession berlinoise ne serait certainement pas à leurs ordres.

Cette Sécession n'existait en fait que dans l'esprit de ses créateurs car elle n'avait pas encore d'existence physique ni légale. C'est pourquoi les responsables du futur Salon de l'Association de 1899 cherchèrent à prévenir l'éclatement de l'Association en proposant une solution astucieuse, mais de court terme. Dans le futur Salon, une partie de l'exposition serait exclusivement réservée aux peintres de l'Association, alors qu'une autre, plus restreinte, serait dédiée aux artistes qui avaient exprimé le désir de quitter l'Association pour rejoindre la Sécession en devenir. Bien entendu, le jury de l'Association n'aurait aucun droit de regard sur le choix des œuvres de ces derniers. Cette solution qui préservait les apparences rencontra l'adhésion de Liebermann. C'était sans compter sur l'intervention d'Anton von Werner qui refusa tout net cette solution sous prétexte qu'une minorité d'artistes ne pouvait imposer sa loi à la majorité.

Anton von Werner ne comprenait pas cette velléité des artistes de l'Association de s'en éloigner pour des motifs qu'il jugeait futiles. N'était-il pas vrai que le style impressionniste (toujours au sens restreint) avait maintenant droit de cité dans les Salons ? De plus, Anton von Werner, qui avait senti la contestation monter, avait tenté d'en limiter l'ampleur en cherchant à amadouer un certain nombre de grandes figures de la scène artistique allemande. Ainsi avait-il nommé en 1896 Hugo von Tschudi, longtemps la bête noire de l'Empereur en raison de son goût pour l'impressionnisme, au poste prestigieux de Directeur de la Nationalgalerie de Berlin. De même, alors que Liebermann avait dû renoncer, sous la pression de l'Empereur, à la Légion d'honneur que l'État français lui avait attribuée en 1889 lors de l'exposition qui célébrait le centenaire de la Révolution française, il put garder celle qui lui fut de nouveau remise en 1896 car von Werner avait insisté auprès de l'Empereur pour qu'il en fût ainsi. Et les honneurs ne s'arrêtaient pas là. En 1897, Liebermann fut nommé membre de l'Académie des

Beaux-Arts de Berlin, honneur qui, comme nous l'avons mentionné, il désirait se voir attribué depuis longtemps. Il n'est pas étonnant, alors, qu'Anton von Werner se sentît trahi par Liebermann et c'est probablement ce qui lui fit refuser le compromis proposé par ce dernier pour éviter l'éclatement de l'Association, compromis qui aurait cependant permis à Anton von Werner de garder la haute main sur toutes les expositions de peintures à Berlin.

L'Empereur était particulièrement courroucé de ces événements et il ne fallait pas attendre de sa part la moindre concession ni le moindre secours financier. Ainsi, si cette Sécession venait à l'existence, elle devait se modeler entièrement sur l'exemple des galeries privées. Ce qui du point de vue de l'administration n'était pas un mauvais calcul. Les membres de cette nouvelle Sécession se trouveraient exclus de facto de toute aide financière de l'État dont nous avons vu qu'elle était cruciale pour de nombreux artistes, et comme ces derniers entendaient montrer au public un art d'avant-garde que ce même public ne comprenait pas, il était peu probable qu'ils en tireraient un grand avantage financier. Au bout du compte, l'administration espérait qu'ils retourneraient dans le giron de l'Association.

Prudents, les membres de la Sécession retinrent les leçons de la Sécession munichoise. La Sécession ne devait pas se présenter comme une organisation qui chercherait à défier l'Empereur. De toute façon se dernier sortirait vainqueur d'une telle confrontation. Son objectif était plutôt de présenter prudemment au public une palette de styles plus large que celle proposée par les Salons officiels. Mais l'idée sous-jacente à la création de cette Sécession était bien plus ambitieuse. Il s'agissait de créer un espace concurrent des Salons où l'élite des peintres pourrait exposer dans des conditions identiques à celles de Munich et où, surtout, la modernité pourrait s'exprimer. Il s'agissait donc, en termes clairs, de créer une galerie privée mais à une échelle physique telle qu'elle puisse soutenir la comparaison avec les bâtiments qui accueillaient les Salons officiels. Comme l'avait pressenti l'administration, le pari était fort risqué. Y aurait-il pour maintenir l'équilibre financier de cette importante structure un public suffisamment large pour accueillir et acheter cet art d'avant-garde ? C'était toute la question. Cette contrainte financière ne cessa de peser sur les décisions de la Sécession et c'est vraisemblablement la raison pour laquelle (en plus du conservatisme de son Président) la Sécession berlinoise ne s'engagea jamais en faveur du modernisme tel qu'il s'exprimait à Paris, par exemple. Elle passa ainsi à côté des grands mouvements qui signeront l'émergence de styles résolument nouveaux et dont les historiens d'art montreront l'importance. Comme on le constatera plus tard, cet art d'avant-garde se développera essentiellement par le biais de structures plus informelles.

Création et vie de la Sécession berlinoise

La Sécession se vit attribuer une personnalité juridique car l'administration considérait que cette concession faite aux peintres d'avant-garde pouvait contribuer à dissiper un conflit qu'il ne fallait pas laisser s'envenimer. La Sécession se trouva dès le départ confrontée à deux difficultés. Quel management pour une structure aussi importante et comment réunir les financements ? Tout cela dans un climat manifestement hostile de la part des autorités. Pour résoudre ces deux questions, Liebermann se tourna vers Paul Cassirer dont il est important de dire ici quelques mots.

Paul Cassirer et son frère Bruno tenaient à Berlin une galerie huppée qui avait été parmi les premières à exposer l'art français. L'importance de la galerie et son succès indiquaient assez que Paul Cassirer avait toutes les qualités managériales nécessaires pour mettre la Sécession sur les rails. Mais le choix de Paul Cassirer ne reposait pas uniquement sur ses talents de manager. Outre que Liebermann était un bon ami de Cassirer, ce dernier avait aussi un solide carnet d'adresses et avait établi des liens d'amitié avec les plus grands artistes de son temps. En 1894, par exemple, lors d'un voyage à Paris, il avait rencontré le marchand d'art Paul Durand-Ruel qui lui fit connaître Edouard Manet. À Bruxelles, il rencontra Henry van de Velde. Il connaissait personnellement Lovis Corinth et Max Slevogt, des critiques d'art importants comme Julius Meier-Graefe, des directeurs de musées particulièrement réceptifs à l'art moderne comme Alfred Lichtwark (Directeur du Kunsthalle de Hambourg), et Hugo von Tschudi et de hauts fonctionnaires également favorables à cet art. Mais surtout, Paul Cassirer était d'une famille de grands industriels qui avaient profité de l'expansion de l'économie allemande pour s'enrichir, famille qui comptait aussi dans ses rangs le philosophe Ernst Cassirer, mondialement connu, et Richard Cassirer, le plus fameux neurologue de Berlin.

Cette combinaison de personnalités et de relations sociales à haut niveau assurait un certain cadre de protection contre les foudres de l'administration. Elle ancrait aussi d'emblée la Sécession dans la haute bourgeoisie de l'époque mais non sans contradiction. Comment, en effet, concilier les goûts d'une bourgeoisie, en général conservatrice, et l'art d'avant-garde ? Cette difficulté conduira à l'émergence de crises au sein de la future Sécession.

Cet ancrage dans la société bourgeoise permit cependant à la Sécession de mobiliser rapidement les fonds. Le besoin financier de l'opération s'élevait à

120.000 marks or, somme considérable pour l'époque si l'on pense qu'il s'agissait là d'un besoin net de liquidité et non de l'établissement d'un fonds de garantie comme pour la Sécession de Munich (c'est-à-dire que les fonds devaient être effectivement versés). Pour réunir cette somme, Cassirer se tourna vers les autres Sécessions, les participants eux-mêmes et surtout la communauté juive. Cassirer se chargea ensuite de la recherche d'une parcelle urbanisable et supervisa lui-même la construction de l'immeuble qui avait une taille majestueuse avec ses six salles d'exposition qui pouvaient accueillir jusqu'à plus de trois cents peintures.

La première exposition ouvrit ses portes le 20 mai 1899 et ce fut, comme pour la Sécession de Munich, un triomphe. Deux mille personnes se pressèrent au vernissage, mais bien sûr aucun représentant officiel. Le succès de l'opération tint en partie au fait que les organisateurs s'étaient bien gardés de choquer le public avec des œuvres d'avant-garde. On y trouvait tous les peintres bien connus, tous dans la mouvance réaliste et impressionniste comme Liebermann et Leistikow, Böcklin, von Uhde, Thoma et d'autres dont les audaces stylistiques étaient bien raisonnables. Peter Paret[6] fait ce commentaire sur le succès de l'exposition : *Que la Sécession, malgré ses insuffisances, puisse faire une telle impression sur un large public et non seulement sur un petit cercle de connaisseurs... montre que Berlin était réceptif à un mouvement qui s'éloignait de l'art traditionnel et officiel. Simultanément, cela démontrait aussi à quel point les salons étaient dépassés comme institutions artistiques.*

---

[6] Peter Paret, *Die Berliner Secession : Moderne Kunst und ihre Feinde im Kaiserlichen Deutschland, op. cit.* p. 120.

Le succès de la Sécession berlinoise ira en s'amplifiant en même temps que s'accroissait son caractère international par l'accueil d'artistes étrangers. Dès 1900 on pouvait voir à la Sécession des peintres comme Camille Pissaro, Pierre Auguste Renoir, James Abbott Whistler et Anders Zorn. Quelques années plus tard, Edvard Munch fera une entrée remarquable à la Sécession, étant donné le scandale que son travail avait provoqué précédemment, ainsi que Wassily Kandinsky, Edouard Manet et Claude Monet. Le nombre de membres augmenta parallèlement passant de 75 en 1906 à près de 119 en 1910. D'année en année, les grands noms de l'avant-garde artistique étrangère, y compris Pablo Picasso, firent leur entrée à la Sécession.

La Sécession berlinoise avait-elle gagné la guerre contre l'académisme et forcé la main à l'Empereur Guillaume II ? Pas tout à fait, et cela pour plusieurs raisons. La première est que, s'il est exact de noter que certains artistes étrangers très novateurs comme Picasso avaient exposé à la Sécession, les œuvres qu'ils étaient autorisés à présenter au public étaient les moins susceptibles d'être sujets à controverse. Par exemple, Picasso exposait ses œuvres de la période bleue mais non ses œuvres cubistes, et les néo-impressionnistes, George Seurat et Paul Signac, étaient priés de rester à la porte. Cette réserve dans le choix des œuvres était sans doute due à la volonté des directeurs de la Sécession de préserver au maximum la susceptibilité de l'Empereur, mais elle fut surtout le résultat du conservatisme de Liebermann et de Cassirer qui, malgré leurs qualités respectives de peintre et de galeriste, se méfiaient des tendances les plus modernes de la peinture.

La seconde raison était que l'autorité de l'Empereur en matière de choix artistiques avait été singulièrement ébranlée par l'affaire dite de Saint-Louis et que l'on pouvait s'attendre à une sérieuse reprise en main. En 1904, en effet, l'Allemagne avait été invitée à participer à l'exposition de la ville de Saint-Louis célébrant le rattachement de la Louisiane aux États-Unis. Précédemment, l'Allemagne avait déjà été invitée à participer à de telles expositions à Philadelphie et Chicago où elle montra ses capacités en matière industrielle mais moins en matière artistique, car les toiles présentées ne retinrent ni l'attention du public ni celle du jury. Il fallait donc éviter un nouveau camouflet, surtout pour l'Empereur, qui soutenait ardemment le style des peintures précédemment envoyées. Cependant, on ne pouvait refuser d'y participer sans créer un incident diplomatique (il n'y avait à l'époque aucun contentieux entre les États-Unis et l'Allemagne). L'ambassadeur d'Allemagne aux États-Unis suggéra donc à l'Empereur Guillaume II que le moment était venu de montrer au monde la qualité de l'art allemand, mais il le mit simultanément en garde contre un choix trop conventionnel des œuvres qui seraient sélectionnées car, selon lui, les Américains aimaient les œuvres françaises.

L'Empereur accepta la proposition et nomma à la tête d'une commission de sélection des œuvres un certain Théodore Lewald, qui s'illustra ultérieurement comme Président du Comité des jeux Olympiques de Berlin de 1936 ! La constitution du jury prit un peu de temps, mais en fin de compte, le jury compta 21 membres dont 16 appartenaient à la Sécession. Une telle prédominance des membres de la Sécession fit bondir l'Empereur qui démit Lewald de ses fonctions et nomma à sa place Anton von Werner, son plus proche conseiller artistique. Ce dernier s'empressa de truffer les œuvres proposées pour l'exposition de ses propres travaux et de ceux de ses artistes préférés. Comme précédemment, la peinture académique allemande fit sourire les visiteurs et ne retint pas l'attention du jury. Ce fut un échec. Cet acte d'autorité de l'Empereur fut très mal reçu du public allemand, vexé par un tel échec, mais surtout de certains membres du « Reichstag » qui trouvèrent inacceptable que des fonds publics fussent ainsi utilisés pour satisfaire les goûts de l'Empereur. Ce dernier ne se découragea pas et redoubla d'efforts pour inciter les peintres à créer un art authentiquement allemand, accroissant du même coup la pression sur la Sécession pour qu'elle s'aligne sur ses recommandations.

La troisième raison tient au développement d'une affaire connue sous le nom de l'*Affaire Meier-Graefe*[7]. Ce dernier, critique d'art fort apprécié et de grande renommée, publia en 1904 un livre intitulé *Histoire du développement de l'art moderne* dans lequel il considérait que l'art allemand avait manqué le tournant de l'impressionnisme en raison de l'influence de certains peintres allemands et de Böcklin en particulier. Pour Meier-Graefe, Böcklin avait mené l'art allemand dans une impasse. Il précisera sa pensée dans un ouvrage ultérieur publié en 1905, *Le cas Böcklin,* dans lequel il massacre totalement les œuvres tardives de Böcklin. Or, comme nous l'avons vu précédemment, Böcklin était devenu une sorte d'idole en Allemagne. Sa peinture n'était ni académique, ni impressionniste, et sa touche d'idéalisme constituait ce qui pouvait se concevoir de plus proche d'un art allemand (d'ailleurs jamais précisément défini). Un professeur de la prestigieuse Université de Heidelberg, Henry Thode, prit, dans un petit ouvrage intitulé *Böcklin et Thoma*, le contrepied de cette analyse. Il accusa la Sécession berlinoise d'avoir étouffé l'essor de l'art allemand en ne présentant que de l'art dit moderne, alors que cet art n'était en définitive que de l'art français. On ne pouvait mieux répondre aux souhaits de l'Empereur. La

---

[7] On trouvera dans l'ouvrage *De l'Allemagne, de Friedrich à Beckmann,* déjà cité, une excellente présentation de cette affaire appelée dans ce livre *Le cas Böcklin*, sous la plume de Thomas W. Gaehtigens, p. 210 et suivantes.

critique de Thode eut un écho considérable et renforça le camp des anti-Sécession. Un critique d'art[8] put même écrire : *Tant que dans ce pays, le goût sera dicté par les Français et aussi les Orientaux, il ne sera pas étonnant que Böcklin soit perpétuellement présenté comme « Babar ».*

Cependant, s'il fut aisé de répondre à ces accusations en raison notamment des statistiques qui montraient d'une manière indiscutable que les peintres allemands étaient largement représentés à la Sécession, il fut beaucoup plus difficile de répondre à une attaque plus argumentée qui vint d'un ancien membre de la Sécession, Carl Vinnen. Ce dernier avait dans sa jeunesse milité pour la reconnaissance d'une artiste peintre allemande dont le travail était révolutionnaire, Paula Modersohn-Becker (voir Chapitre V). Plus tard, ne voyant pas le succès venir, il renonça à sa défense de l'art d'avant-garde pour prendre la défense d'un art de tradition allemande. Ainsi fit-il paraître en 1910 un pamphlet intitulé *Protestation des artistes allemands* dans lequel il accusait d'abord les critiques d'art, les marchands d'art, les galeristes et donc indirectement les membres du directoire de la Sécession berlinoise de collusion visant à orienter le marché de l'art à leur profit. Cela, d'ailleurs, commençait à devenir évident pour beaucoup et les activités respectives du tandem Liebermann-Cassirer renforçaient cette impression. Le premier était friand d'honneurs, ce qui lui permettait de placer ses toiles dans toutes les manifestations importantes et de les vendre au meilleur prix ; le second était avant tout un marchand de tableaux qui cherchait à satisfaire les goûts de sa clientèle. Était-il raisonnable que le marché de l'art allemand se trouve ainsi

---

[8] Peter Paret, *Die Berliner Secession, Moderne Kunst und ihre Feinde im Kaiserlichen Deutschland*, *op. cit.* p. 259.

dominé par des intérêts privés, alors que les institutions culturelles devaient être avant tout au service du public ?

De plus, n'était-il pas vrai que la balance entre les artistes étrangers représentés à la Sécession et les artistes allemands avait dans les dernières années fortement penché en faveur des premiers ? Et cela n'affectait pas seulement la Sécession ; les musées allemands réservaient maintenant près de 40 % de leur budget à l'acquisition d'œuvres étrangères. En conséquence, il était de plus en plus difficile pour un artiste allemand de vivre de son travail dans son propre pays. Beaucoup étaient dans la misère alors que le rôle des institutions était au contraire de les aider à vivre. Il est vrai qu'environ 10.000 artistes exerçaient leurs talents dans toute l'Allemagne et devant leur peu de réussite, ils avaient, selon un historien d'art allemand[9], conçu pour le public un grand mépris que ce dernier leur rendait bien car seulement entre 10 et 15 % de toutes les toiles exposées dans les Salons trouvaient preneurs[10]. Le pamphlet de Vinnen toucha là un vrai problème et de nombreux artistes se retrouvèrent tant dans sa description de leur situation que dans sa dénonciation des collusions d'intérêts au sein de la Sécession.

Toutes ces attaques dirigées contre la Sécession contribuèrent à l'affaiblir même si la direction de la Sécession y répondit vigoureusement. Mais la direction elle-même avait ses propres difficultés. Comme nous l'avons vu, le caractère autoritaire de Liebermann et sa retenue vis-à-vis des formes les plus modernes de l'art mécontentèrent un grand nombre de jeunes artistes. Liebermann n'aimait pas Van Gogh, ni Cézanne, mais

---

[9] Beth Irwin Lewis, *Art for All ?*, *op. cit*. p. 259.

[10] Ce chiffre peut paraître faible ; cependant même à Paris la vente de tableaux était très difficile comme l'atteste de très nombreux récits de marchands de tableaux, par exemple Berthe Weil, *Pan dans l'œil,* Paris, Editions Lipschutz, 1933.

alors que dire des fauves ou de cette nouvelle génération d'artistes représentée par Erich Heckel, Karl Schmidt-Rottluff et Max Pechstein ? C'est à peine s'il acceptait de les exposer. Le ton se durcit en 1910 lorsqu'à l'occasion d'une Assemblée générale il fut question d'élire Max Beckmann à la direction de la Sécession. Liebermann qui n'appréciait ni le caractère ni la peinture de Beckmann mit alors sa démission dans la balance. Cette guerre picrocholine se termina par le retrait de la démission de Liebermann mais aussi par le départ de 27 jeunes artistes qui fondèrent, conduit par Pechstein, une nouvelle structure qui exposa sous la bannière « Les Refusés de l'Exposition de la Sécession de 1910 ». Ce n'était pas très original ni surtout très diplomatique compte tenu de la connotation française d'une telle appellation, mais c'était sans doute le but recherché. Emil Nolde, qui avait pour un temps appartenu au groupe *Die Brücke*, écrivit dans la foulée une violente lettre contre Liebermann qui remit définitivement sa démission de Président de la Sécession berlinoise. Objectifs atteints. Mais si la voie était libre pour plus d'audace artistique, ce ne devait plus être au sein de la Sécession dont le conservatisme et les compromis avec le pouvoir et la bourgeoisie étaient maintenant devenus criants.

CHAPITRE IV

Lorsque les censurés deviennent censeurs

Force est de constater que la Sécession berlinoise en raison même des compromissions de ses dirigeants avec la grande bourgeoisie et de son asservissement aux diktats du pouvoir (même si ce jugement doit être nuancé en raison des efforts de ces mêmes dirigeants à s'en affranchir) s'était montrée incapable, tout du moins pendant les dix premières années de son existence, à révéler au public des peintres allemands novateurs. Certes Kandinsky avait bien exposé quelque temps à la Sécession avant de la quitter. Mais il n'avait exposé que des œuvres anciennes. Ensuite, il n'était pas allemand, mais russe (il ne prendra la nationalité allemande qu'une fois au *Bauhaus* de Dessau). Quant aux expressionnistes, malgré leur réputation grandissante, ils s'étaient heurtés à l'hostilité de Liebermann et n'avaient que peu exposé à la Sécession.

L'avant-garde allemande se trouvait ainsi privée de lieux d'exposition suffisamment importants en taille et en réputation pour exposer leurs travaux. Ils devaient donc se tourner vers des galeries privées, peu nombreuses à Berlin. L'une des galeries les plus anciennes était celle d'Amster et Ruthardt créée en 1860 mais qui n'avait aucun appétit pour le modernisme. Mentionnons aussi la galerie Gurlitt, fondée en 1880, qui n'avait pas à l'époque la réputation qu'une récente affaire de tableaux volés lui a faite. Bien au contraire, elle fut la première à Berlin à exposer en 1883 de l'art impressionniste en montrant l'importante collection du Docteur Carl Bernstein. Venait ensuite toute une série de galeries, mais de fondation plus récente : la galerie Edward Schulte créée en 1891 qui eut la malencontreuse idée d'exposer l'année suivante Edvard Munch (voir Chapitre précédent), la galerie Keller et Reiner créée en 1897, la galerie Mathilde Rabt créée en 1897 et finalement la galerie Paul et Bruno Cassirer fondée en 1898 et qui était à la fois galerie de tableaux et maison d'édition. Toutes ces galeries étaient cependant tenaillées entre la volonté de leurs propriétaires de proposer autre chose que ce qui était exposé à la Sécession et celle d'éviter les foudres de l'administration, comme les avait subies la galerie Schulte. Notons cependant qu'un homme comme Hugo von Tschudi qui avait été nommé Directeur de la Nationalgalerie de Berlin avait un esprit plus ouvert que ces collègues fonctionnaires de la culture. Sous sa direction, la Nationalgalerie fit l'acquisition d'un Cézanne ce qui ne manqua pas de faire grincer des dents aux autorités. Sa politique d'acquisition lui couta son poste en 1896. Dans l'intervalle il soutint autant qui le put les galeries de la capitale.

Ainsi, l'avant-garde allemande ne pouvait que s'éloigner de la Sécession berlinoise et quelquefois même de Berlin pour montrer ses œuvres. La plus grande partie des artistes dits expressionnistes exposera dans des lieux insolites comme des magasins ou des ateliers de productions manufacturières et surtout dans des villes de province ou même encore à la Sécession munichoise. La reconnaissance de leurs travaux au niveau national et international sera le fruit, d'une part, d'une exposition conçue hors des créneaux officiels - l'exposition de Cologne de 1912 qui fit autant pour faire connaître leurs œuvres que le fit l'exposition de 1923 à Weimar pour faire connaître le travail du *Bauhaus* - et, d'autre part, de l'intense travail d'information entrepris par la revue *Der Sturm*, dirigée par Herwarth Walden.

Le grand mouvement pictural qui va finalement doter l'art allemand d'une authenticité réelle non nécessairement empruntée aux influences étrangères, surtout française, est connu sous le nom d'*expressionnisme.* Ce mouvement recouvre en réalité deux tendances : une tendance que l'on pourrait qualifier de dure qui est celle du groupe de Dresde désignée par le titre que lui ont donné ses fondateurs, *Die Brücke* (Le pont), et une tendance moins extrême dans l'utilisation des couleurs et l'expression des sentiments à laquelle les historiens d'art allemands se réfèrent comme *expressionnisme rhénan.* Les peintres que l'on classe sous ce vocable auront des liens très forts avec le mouvement du *Blaue Reiter* de Kandinsky qui, comme nous le verrons ultérieurement, favorisait une approche plus spirituelle de l'art[1].

L'expressionnisme

Le terme expressionnisme considéré sous sa forme la plus générale demeure relativement vague si on ne le rapporte pas spécifiquement à l'expressionnisme allemand. Les critiques et les historiens d'art de la fin du XIXe siècle et du début du XXe siècle regroupaient sous ce vocable des peintres aussi différents que Cézanne, Van Gogh et Matisse (ainsi en est-il de Wilhelm Worringer, auteur du célèbre ouvrage, *Abstraktion und Einfühlung* (Abstraction et Empathie), 1907 (voir Note 4 du Chapitre V), d'autres ont une conception très large de cette

[1] On trouvera cette approche chez Kandinsky dans son maître ouvrage, *De la spiritualité dans l'art et dans la peinture en particulier,* dont nous traiterons ultérieurement.

dénomination. Arnold Rüdlinger[2] estime, par exemple, que les expressionnistes se définissent essentiellement par leur usage de la gravure et inclut dans ce groupe des artistes comme Honoré Daumier, Paul Gauguin et James Ensor. La polysémie du terme est un signe de la grande difficulté à cerner son domaine d'application. S'il s'agit d'exprimer plus que de décrire, alors, comme le faisait remarquer Rüdlinger, chaque époque a eu ses peintres expressionnistes, Francisco de Goya, El Greco et, plus près de nous, les artistes de *l'action painting* qui furent non sans raison qualifiés d'*expressionnistes abstraits*.

Cependant, il s'agit ici de définir l'expressionnisme allemand et non le terme dans sa généralité. Parmi toutes les définitions qui ont été proposées nous retiendrons celle de Jean-Michel Palmier dans son ouvrage, *L'expressionnisme comme révolte*[3] : *L'expressionnisme est un mouvement artistique qui, à partir de la peinture va embrasser tous les arts, brisant les frontières pour faire du matériau, de la réalité, le simple prétexte à l'extériorisation du « je », de la vision. Il se manifeste comme une réaction très violente au naturalisme et à l'impressionnisme et esquisse dans tous les arts une esthétique nouvelle.*

C'est bien d'ailleurs en ce sens que s'expriment directement les artistes expressionnistes dans la préface du catalogue de l'exposition du printemps de 1911 de la *nouvelle Sécession* (issue du Salon des Refusés - voir Chapitre précédent) organisée par Hermann Max Pechstein (appelé plus brièvement Max Pechstein) : *Nous ne voulons plus reproduire la nature dans ses apparences*

---

[2] *Geschichte der Modernen Malerei : Matisse, Munch, Rouault. Fauvismus und Expressionismus*, Genève, Editions Skira, 1950.

[3] Jean-Michel Palmier, *L'expressionnisme comme révolte*, *op. cit.* p. 116.

changeantes, mais plutôt approfondir l'impression personnelle d'un objet en le ramenant à sa dimension la plus caractéristique. Ainsi par le fait même que tout ce qui est objet demeure dans le plan, sa signification réelle est niée. Tout le travail vise non pas à donner une impression de la nature mais une impression du sentiment. Ainsi disparaissent la technique et l'imitation au profit d'une nouvelle manière de voir[4].

Cependant, au-delà de la définition du concept et de ce que les artistes disent vouloir exprimer sur le plan stylistique, une question fondamentale demeure : comment est-on passé de l'impressionnisme, catégorie dominante de la Sécession berlinoise et limite de la manière de peindre de ses membres, à l'expressionnisme ?

Pendant longtemps la réponse traditionnelle à cette question était que les artistes du groupe *Die Brücke* avaient été influencés par le fauvisme français et qu'ils en avaient simplement exagéré les caractéristiques. L'art français étant considéré comme imprégné d'harmonie et d'équilibre, l'expressionnisme allemand avec son style rude était bien l'enfant monstrueux du fauvisme, donc sans grand intérêt. Comme le fait remarquer Suzanne Pagé[5] : *On a souvent réduit l'expressionnisme à cet effet d'influence, alors que la caractéristique de cet art était de ne jamais considérer la forme comme une fin. Il s'agit donc d'un aveuglement historique.*

On ne peut nier cependant le jeu des influences et les artistes de *Die Brücke* ont souvent reconnu leurs dettes vis-à-vis de Vincent Van Gogh et surtout Edvard Munch. Mais influence, comme le fait remarquer subtilement

---

[4] *Ich und die Stadt, Mensch und Gross-Stadt in der Deutschen Kunst des 20. Jahrhunderts,* Berlin, Editions Berlinische Galerie, 1987.

[5] *Figures du Moderne, 1905-1914. L'expressionnisme en Allemagne, op. cit.* p. 12.

Madame Pagé, ne veut pas dire, dans ce cas, imitation, même si, considérées seulement du point de vue de l'impact visuel immédiat, beaucoup d'œuvres produites par les fauves autour de 1903/1904 par Edvard Munch ou par Vincent Van Gogh à la fin de sa vie ont un air de famille avec celles produites par les artistes de *Die Brücke* quelques années plus tard. Qui dit famille dit père. Alors quel est le père et y a-t-il un père ?

Le domaine artistique n'est pas le seul où cette question d'une relation plus ou moins floue mais très détectable entre des créateurs pourtant sans relation entre eux s'est posée, et ceci est particulièrement évident autour de la fin du XIXe siècle et le début du XXe siècle. C'est le cas en physique (Henri Poincaré et Albert Einstein), en mathématiques (Bertrand Russel et Gottlob Frege), mais également en philosophie. Dans cette dernière discipline, la question est apparue si évidente qu'elle a fait l'objet d'un ouvrage intitulé : *Le Moment 1900 en philosophie*[6]. Frédéric Worms qui a dirigé les nombreuses contributions incluses dans cet ouvrage s'interroge dans la préface du livre sur cette particularité qui fait que tous les mouvements philosophiques du XXe siècle, aussi divergents soient-ils, trouvent leurs origines dans des œuvres de rupture. Il avance donc l'hypothèse suivante : *Pourrait-on y voir... un bref moment où, sans se fondre dans un consensus vague, les œuvres les plus opposées partagent à leur origine même un certain nombre de problèmes communs, sans lesquels on ne pourrait comprendre ni leur singularité ni leurs relations ?* On sait qu'en philosophie, au moins, le problème commun était de refondre à nouveaux frais les bases de cette discipline, ce

---

[6] *Le Moment 1900 en Philosophie, Études réunies sous la direction de Fréderic Worms*, Paris, Editions P.U.F., 2014.

que réalisèrent des auteurs comme Ludwig Wittgenstein, Wilhelm Dilthey ou bien Edmund Husserl.

Pourrait-on alors envisager que cette question d'un air de famille (expression empruntée à Wittgenstein) qui rapproche les fauves et les expressionnistes puisse trouver sa résolution dans le cadre de l'hypothèse évoquée par Frédéric Worms ? Quels seraient alors ces problèmes communs ?

Le premier qui vient à l'esprit est probablement le plus contestable, à savoir, que cet air de famille entre les œuvres d'artistes aussi différents que Henri Matisse et Karl Schmidt-Rottluff serait le résultat de l'ambiance fin de siècle qui régnait en Europe à l'époque. Cette impression, assez généralisée il est vrai, car on la retrouve aussi bien en France qu'en Autriche et bien sûr en Allemagne, pourrait servir de toile de fond commune à une révolte artistique qui s'exprimerait par l'éclatement des couleurs et la négligence de la forme. L'atmosphère étouffante dans l'Empire allemand pourrait avoir été ainsi propice à l'éclosion d'une telle révolte. Cela n'explique pas, cependant, pourquoi cette révolte prit la forme de l'expressionnisme ni comment elle a pu conduire au rejet de l'impressionnisme. Même si la situation politico-sociale en France était loin d'être paisible au tournant du XXe siècle, le mal-être qu'elle pouvait engendrer chez certains ne semblait pas avoir débordé sur la scène artistique. Leurs acteurs étaient plus attachés à résoudre des problèmes de nature esthétique que de se faire l'interprète des problèmes politico-sociaux de leur époque. Si l'on exclut l'influence de cette atmosphère fin de siècle, si souvent évoquée, comment alors identifier ces problèmes communs qui ont amené à la quasi-simultanéité des inventions du fauvisme et de l'expressionnisme allemand ?

Nous pensons les trouver en faisant nôtres quelques propositions avancées par Rémi Labrousse et Jacqueline Munck dans leur ouvrage, *Matisse-Derain, la vérité du Fauvisme*[7]. Eux aussi rejettent la simple explication de l'émergence du fauvisme par les influences. Dans leur présentation de l'ouvrage, ils indiquent avec force qu'il n'y a pas lieu d'en appeler… *à toute la nébuleuse des artistes que l'histoire de l'art n'en finit pas de distinguer ou associer, au sein d'un mouvement qui n'en est pas un pour essayer de localiser esthétiquement le fauvisme*. Et ils ajoutent (c'est nous qui soulignons) : *Il n'y a pas de style fauve : il y a un événement fauve*[8]. Comment à leurs yeux se définit cet événement fauve ? D'après ces auteurs, tout se joue à Collioure en été 1905 où les deux artistes, Matisse et Derain, se retrouvent pour travailler ensemble. Commentant les deux portraits que les deux peintres firent l'un de l'autre, Rémi Labrousse insiste sur le caractère novateur pour les artistes eux-mêmes de ces deux portraits qui furent élaborés au sein de discussions techniques nombreuses accompagnées d'un intense travail commun. Il écrit alors[9] : *Au-delà des ambiguïtés, des hésitations stylistiques… l'essentiel apparaît peu à peu… une épreuve majeure de libération, un de ces moments où une personnalité flamboie en se découvrant désaliénée, quelque chose - naïvement et vraiment - comme un premier vol porté par rien. Derain y a trouvé la force de discipliner la fougue chaotique de ses toiles de l'hiver précédent, sans que leur spontanéité s'y adultère mais, au contraire, en faisant en sorte que cet élan même s'exalte.*

---

[7] Rémi Labrousse et Jacqueline Munk, *Matisse et Derain, la vérité du Fauvisme*, Paris, Éditions Hazan, 2005.

[8] Rémi Labrousse et Jacqueline Munk, *Matisse et Derain, la vérité du Fauvisme, op. cit.* jaquette de couverture.

[9] Rémi Labrousse et Jacqueline Munk, *Matisse et Derain, la vérité du Fauvisme, op. cit.* p. 28-29.

Matisse, lui, a « secoué la tyrannie du divisionnisme », comme il l'a dit lui-même plus tard... la solution est venue d'un dégagement, et non d'un engagement pour ou contre une tendance ou une autre. L'allure, la grandeur de ces petites toiles de l'été, c'est d'être ainsi « dégagées », soudain sereines à l'égard des influences : les figures picturales de Van Gogh et de Seurat, de Cézanne et de Monet y circulent ardemment mais n'y arrêtent rien : il ne s'agit ni de prise de parti ni d'occultation ou d'oubli ni d'éclectisme conscient, mais de déliement - et c'est ce qu'il faut sans doute attribuer au dialogue alors établi entre les deux hommes et à la confiance, à partir de là, faites aux gestes mêmes, à l'immersion commune dans l'acte de peindre... Le fauvisme de l'été 1905 ou la conquête de l'ingénuité, dans une joie sérieuse...

C'est, nous semble-t-il, exactement en ce sens que l'on pourrait parler d'un *événement Die Brücke*, tant son émergence et son développement furent pour ses protagonistes « une épreuve majeure de libération ». Pas seulement d'une oppression politique ou sociale, bien qu'ils aient eu à subir les mêmes vexations politiques que leurs ainés, mais une libération de problèmes existentiels - le problème récurrent de l'identité allemande - et de problèmes stylistiques, mais aussi d'une joie d'être et de travailler ensemble qui conduisirent à l'avènement de l'expressionnisme en peinture dans un beau désordre caractérisé par l'absence de structures organisationnelles fortes et de maîtrise technique, tout du moins dans les premiers temps.

Il ne s'agit donc pas de caractériser l'expressionnisme comme une rupture avec l'art allemand du XIXe siècle. Il y a plutôt continuité entre le combat de nature politique que menèrent des artistes déjà cités comme Liebermann ou Corinth qui libérèrent, même modestement, le geste de peindre et les expressionnistes qui achevèrent ce combat en libérant le « Je ». L'expressionnisme est l'étape finale de la libération de la peinture allemande.

Le développement de l'expressionnisme

Si l'on retient notre hypothèse selon laquelle l'avènement de l'expressionnisme allemand s'explique essentiellement en faisant référence à une désaliénation de soi, à une liberté recherchée et trouvée, alors il faudrait compter comme expressionnistes, non pas en raison de leur communauté de style qui est quasiment inexistante, mais en raison de leur volonté de s'exprimer picturalement sans contrainte, des artistes comme Ernst Barlach, Christian Rohlfs et surtout Oskar Kokoschka. Mais ces artistes, pour ainsi dire, ont fait œuvre unique. La manie du classement, qui est un des fondements de la méthodologie des études en histoire de l'art, les éloigne de la souche bien identifiée des expressionnistes. Il est vrai, cependant, que leur importance dans l'histoire de l'art réside plus dans leur génie propre que dans les remises en cause stylistiques que leurs travaux ont suscitées. Pourtant une artiste, Paula Modersohn-Becker, se tient, au début du XXe siècle, si près d'un style en déclin, l'impressionnisme, et simultanément si proche d'un autre en puissance, l'expressionnisme, qu'il est difficile de ne pas traiter de son œuvre, comète annonciatrice du renouveau de la peinture en Allemagne.

On pourra s'étonner que nous introduisions, dans un ouvrage qui décrit essentiellement la manière dont les peintres de la fin du XIXe siècle et début du XXe siècle ont cherché à combattre la censure, une artiste comme Paula Modersohn-Becker, alors qu'ayant réalisé la plus importante partie de son œuvre dans un petit village du nord de l'Allemagne, elle n'a jamais été inquiétée par la censure. Mais c'est là tout l'intérêt de traiter de son travail. Si cet œuvre tranche aussi frontalement avec l'impressionnisme, il ne s'est pas réalisé sans combattre. Sa famille et ses proches d'abord, pétris d'a priori bourgeois solidement enracinés, ses collègues ensuite, professeurs de peinture ou étudiants qui, jusqu'à son propre mari, étaient pétrifiés d'horreur devant ses peintures, le public enfin qui ne manquait jamais une occasion de la vilipender. Avec Paula Modersohn-Becker on observe à la loupe ce que l'esprit bourgeois pouvait engendrer de plus néfaste. Ce n'est plus la pression politique qui bouscule son œuvre mais les conditions sociales de l'époque, fruits, comme nous l'avons vu, de ce grand mouvement économique de l'Allemagne qui favorisait le conformisme et le matérialisme. De plus, Paula-Modersohn-Becker illustre d'une manière exemplaire cette libération du « Je » si caractéristique de l'expressionnisme.

Une pré-expressionniste : Paula Modersohn-Becker

Paula Modersohn-Becker (PMB) est née en 1876 à Dresde - par un curieux hasard, c'est à Dresde que se formera en 1905 le groupe *Die Brücke*, porte-étendard de l'expressionnisme - dans une famille cultivée et financièrement à l'aise, stéréotype de la bourgeoisie allemande de l'époque. Ses parents déménageront à Brême (Allemagne du Nord) en 1888 et son nom est dorénavant associé à Brême où elle fit, sous les huées, sa première exposition. Après sa mort, Brême lui rendit de nombreux hommages, certes tardifs, et lui consacra même un musée.

PMB se révéla très tôt une enfant particulièrement déterminée et douée pour le dessin et la peinture. Durant sa courte vie - elle mourut en effet à l'âge de 31 ans - elle fit preuve d'une grande indépendance d'esprit qui la classe parmi les grandes figures féministes de son époque : Alma Mahler ou Lou Andreas-Salomé. D'ailleurs, et ce n'est peut-être qu'une coïncidence, elle eut, comme ces dernières, des liens très étroits avec Rainer Maria Rilke, poète fantasque, admiré dans toute l'Europe et délivré de toute idéologie bourgeoise.

Sa carrière de peintre débuta très tôt et elle eut une éducation artistique soignée. Ses parents n'envisageaient pas, cependant, qu'elle fit carrière dans la peinture. Ils pensaient plutôt qu'elle devait devenir institutrice et elle obtint un diplôme dans cette discipline. S'ils lui offrirent une bonne éducation artistique, c'était surtout avec l'idée de développer chez elle un passe-temps de jeune fille bien élevée plutôt qu'autre chose. C'est avec une belle inconscience, lors de son mariage avec le peintre Otto Modersohn, que ses parents, qui pensaient toujours infléchir sa décision de s'engager dans la carrière de peintre, lui offrirent des cours de cuisine !

À l'âge de seize ans, PMB séjournera à Londres et fréquentera la fameuse Saint John's Wood Art School ; elle prit des cours de dessin à Brême avec Ludwig Franzius et de peinture auprès de l'architecte et paysagiste Bernhard Wiegandt. Cependant, le grand centre artistique de l'Allemagne en cette fin du XIXe siècle était Berlin qui commençait à ravir à Munich sa longue suprématie artistique. Ainsi donc, à l'âge de vingt ans, Paula part à Berlin pour compléter sa formation de peintre et c'est dans cette ville qu'elle prit connaissance de l'art moderne par le biais des rares expositions d'artistes français qui s'y tenaient comme celles dédiées à Paul Vallotton ou Paul Sérusier. Mais ce seront surtout les galeries privées comme celle de Fritz Gurlitt qui l'introduiront à l'art moderne avec des peintres comme le hongrois Jozsef Rippl-Ronai, membre du groupe des *Nabis*. Elle se familiarisera avec les travaux d'artistes largement célébrés à Paris comme Edouard Manet, Edgar Degas et Claude Monet grâce à la galerie Keller et Reiner qui promouvait les artistes d'avant-garde et aussi la galerie Schulte qui lui fit découvrir Edvard Munch.

Mais l'atmosphère de Berlin l'étouffe. La ville est comme nous l'avons déjà largement souligné une ville impériale, d'ordre et où les affaires l'emportent sur l'art. PMB décide alors de quitter Berlin en 1897 pour s'installer à Worpswede, près de Brême. Worpswede est une colonie d'artistes comme il en existe beaucoup en Allemagne à cette époque. Tous ces artistes tentent de fuir l'atmosphère pesante des villes et de vivre près de la nature selon les préceptes des *Wandervögel*. De plus, ces artistes cherchent surtout à peindre la nature sans trop se préoccuper des règles académiques même si elles encombrent encore beaucoup le style de nombre de leurs travaux. Ne nous y trompons pas, cependant, le style de vie dans cette colonie est assez bourgeois comme le montre l'architecture des maisons occupées par les résidents. C'est un assez grand contraste avec la manière de vivre des artistes de *Die Brücke*, particulièrement lorsqu'ils s'installeront dans le petit village de Moritzburg.

À Worpswede, PMB prendra des cours de peinture avec Fritz Mackensen et Otto Modersohn, tous deux assez proches de l'académisme malgré leurs protestations à s'en éloigner. Mais PMB n'a point de goût pour peindre à la façon de ces deux artistes. Elle développe son propre style, proche de celui des *Nabis*. Ses professeurs lui en feront le reproche : traits insuffisamment marqués, contours lâches peu précis, bref, travaux peu académiques. Sa famille, qui reçoit des échos de ces critiques, s'inquiète et pense qu'elle s'est fourvoyée d'autant plus qu'une exposition de ses œuvres à Brême en 1899 a été très mal reçue au point que, sous le feu des critiques virulentes, elle dut décrocher ses toiles. Mais PMB s'entête. Elle répond vertement à ses détracteurs et à sa famille. Elle puise sa détermination dans la lecture de Nietzsche, *Ainsi parlait Zarathoustra.* Nietzsche, le philosophe coqueluche de toute une génération d'artistes, de PMB aux expressionnistes et même au-delà, et que l'on adule parce qu'il s'exprime par aphorismes et non en lourds développements comme s'y plaît la tradition philosophique allemande. Nietzsche, qui encourage dans un style élégant et accessible la déconstruction de toutes les valeurs morales et qui se fait l'avocat de la plus grande des forces pour conduire sa vie en arguant que le faux amour du prochain et le sacrifice de soi détournent de celle-ci. Et cette plus grande des forces était pour PMB celle qui la poussait à peindre.

C'est aussi à Worpswede que PMB fera la connaissance de deux personnages dont l'influence exacte sur sa carrière demande encore à être explorée : Clara Westhoff et Rainer Maria Rilke. Clara Westhoff est une sculptrice, ancienne élève de Rodin et future femme de Rainer Maria Rilke, qui traîne son ennui de jolie fille chez les artistes. Son œuvre fait maintenant l'objet d'une certaine réhabilitation et on tend moins à la considérer seulement comme femme et amie de personnages célèbres. Rainer Maria Rilke est déjà à 25 ans un poète de talent qui a eu avec la femme la plus éclairée de son temps, Lou Andreas-Salomé, une liaison passionnée. Mais pourquoi un poète aussi célèbre jette-t-il son dévolu sur une petite colonie d'artistes pour l'étudier ? La réponse se trouve peut-être chez Stefan Zweig, le plus grand écrivain autrichien de l'époque. Zweig dira de Rilke qu'il était un homme angoissé. Il ne se sentait bien qu'en compagnie des femmes. Comme sa conversation était brillante, il va fasciner PMB et Clara Westhoff. Pourtant en 1900, alors que tous trois étaient en villégiature à Paris, il n'eut pas la volonté, ou peut-être l'entregent, de faire rencontrer à ces deux femmes les grands artistes de ce temps qu'il connaissait fort bien, tout du moins de réputation. Ainsi ignora-t-il Apollinaire, le plus grand poète de la capitale et ami de tous les artistes qui comptaient dans le développement de la peinture moderne, pour se pendre aux basques de Rodin dont il devint le secrétaire particulier.

Au cours de ce premier séjour à Paris, PMB fut enthousiasmée par les peintres intimistes et en particulier par les œuvres de Charles Cottet, un impressionniste qui pouvait attirer le public par ses peintures harmonieuses aux couleurs vives. Elle comprendra rapidement que c'est à Paris que se joue en ce début de siècle le sort de la peinture et non à Worpswede. D'ailleurs elle reviendra à Paris en 1903, 1905 puis en 1906/1907. Si, en 1900, elle revient à Worpswede, c'est d'abord pour réorienter son œuvre dans la direction de ce qu'elle a retenu de sa visite parisienne et aussi pour se marier en 1901 avec Otto Modersohn dont elle est tombée amoureuse. La vie conjugale, pourtant, n'est pas de celles qui convinrent à PMB. Elle n'a pas peur de s'en ouvrir dans son journal intime. Son mari, Otto, ne fait d'ailleurs rien pour l'encourager : il lui reproche de faire une peinture grossière sans style et même vulgaire. Ce n'est qu'après la consécration de PMB qu'il conviendra qu'il s'était trompé sur la qualité de la peinture de sa femme. En mai 1906 le couple sera d'ailleurs au bord de la rupture avant de se réconcilier et d'avoir, le 2 novembre 1907, un enfant : Mathilde. PMB mourra à Worpswede le 20 du même mois d'une embolie en se levant de son lit d'accouchée.

Le style de Paula s'est affirmé très tôt, dès 1901. Elle apprendra de ses différents séjours à Paris et en particulier des cours qu'elle suivit aux Académies Colarossi et Julian. Dans cette même ville, elle fut confrontée aux œuvres de Cézanne que lui fera découvrir le marchand d'art

Ambroise Vollard et aura aussi l'occasion de rencontrer des peintres comme Derain, Matisse ou Picasso. Étrangement, cependant, elle réservera son admiration aux *Nabis* et surtout à Rippl-Ronai dont elle avait déjà admiré les œuvres à Berlin. De ses nombreuses visites au Musée du Louvre, PMB avait conçu une véritable fascination pour les portraits *Fayoum*. Ces portraits funéraires, qui ont été pour la plupart exécutés dans l'Égypte romaine au premier siècle avant Jésus Christ sous le règne de Tibère, dépeignaient les visages de défunts. Ils étaient attachés à la tête des momies. Leurs particularités résidaient en ce qu'ils faisaient face au regardant dans un style à la fois fruste, coloré mais aussi obsédant en raison de la taille légèrement disproportionnée des yeux et de la fixité du regard. On retrouvera ces caractéristiques dans nombre de portraits peints par PMB.

On peut soutenir que pendant la période 1901-1907, la plus productive de PMB, son style variera peu. Sa connaissance des œuvres françaises de cette période va certes l'aider à approfondir certains aspects de son approche picturale mais ne la modifiera pas substantiellement. Son style est un mélange de *Nabisme* pour le ton des couleurs et le traitement des formes, de primitivisme emprunté à la culture *Fayoum* et de gestes picturaux empruntés à l'école de Pont Aven, à Emile Bernard en particulier. Mais la synthèse de tous ces emprunts va se fondre dans un style inimitable qui caractérise au plus haut point la touche PMB. Ainsi, dans le catalogue du Musée des Beaux-Arts de Brême édité à l'occasion d'une grande rétrospective de l'œuvre de PMB en 2007/2008 est-il souligné qu'un autoportrait de PMB peint à Paris en 1900 cristallise tout l'art et le style de

PMB[10], *Selbstbildnis vor Fensterausblick auf Pariser Häuser*, Privatbesitz, Bremen (Autoportrait devant une fenêtre avec vue sur les maisons de Paris, collection particulière, Brême).

Il est vrai que cette peinture détonne beaucoup dans le paysage stylistique de l'époque et pas seulement à Worpswede. L'autoportrait de 1900 ne ressemble en rien aux fameux autoportraits que Van Gogh et Gauguin avaient peints dans une sorte de défi à Arles en 1868 (voir Chapitre V). Ici PMB nous regarde de face : ses yeux sont à demi fermés, ses oreilles sont de tailles exagérées, la bouche large et le visage porté en avant comme dans un acte de défiance. Comme pour les *Nabis*, le trait s'efface devant la touche et la tête se détache de l'arrière-plan assombri par l'emploi d'un brun foncé. L'ensemble projette l'impression d'une artiste sûre de son art, prête à en découdre avec ses contradicteurs.

Pourtant, l'art de PMB n'est pas provocation. Il est volonté de se faire une place dans la peinture car l'artiste croit fermement au caractère unique de son œuvre. Elle ne peindra que trois autoportraits dont l'un des plus connus est *Selbstbildnis mit Kamelienzweig* (Autoportrait à la branche de Camélia), 1906-1907, Museum Folkwang, Hagen. PMB s'illustrera surtout dans la représentation de la figure humaine. Elle peindra avec tendresse les paysans de Worpswede et leurs enfants. En 1906 elle se peindra elle-même enceinte et le buste nu, ce qui est une première dans l'histoire de la peinture.

En quoi donc le travail de PMB peut-il être considéré comme précurseur de l'expressionnisme ? Les principales raisons que l'on peut en donner sont les suivantes :

---

[10] *Paula Modersohn-Becker und die Kunst in Paris um 1900 : Von Cézanne bis Picasso*, Kunsthalle Bremen, Éditions Hirmer, catalogue de l'exposition 2007/2008, p. 48.

— La première tient au caractère frontal de ses peintures. Cette manière de procéder donne une présence intense aux personnages. Ils ne sont pas inscrits dans un décor, mais dans une confrontation directe avec le spectateur. On y reconnait certes l'influence des portraits *Fayoum*, mais surtout celle de Manet, et cette concentration sur le motif est caractéristique du mouvement expressionniste.

— La seconde est la plus apparente. Bien que la technique picturale de PMB soit empruntée aux *Nabis,* les couleurs qu'utilise PMB sont plus violentes et contrastées que dans les toiles des maîtres de cette école. Elles bondissent de leurs cadres pour interpeller le regardant comme si une force émotionnelle puissante était lovée en elles.

— On peut enfin en trouver la troisième raison dans les textes même de PMB. Elle écrit en effet dans son journal intime en date du 9 octobre 1902[11] : *Je ne pense pas qu'en peignant un tableau, il faille penser à la nature encore moins lorsqu'on conçoit ce tableau. Il faut solliciter les couleurs comme on les a ressenties la première fois. Pour moi mon ressenti personnel est ce qui compte le plus.* On ne peut pas être plus proche de la conception des expressionnistes telle qu'exprimée par Pechstein (voir plus haut).

La reconnaissance de l'importance de l'œuvre de PMB viendra plus tard, grâce surtout aux différentes initiatives du Musée de Brême. Aujourd'hui, PMB fascine par sa volonté farouche de s'extraire de son milieu bourgeois, de le confronter en s'imposant comme femme ayant autant de droits que les hommes à poursuivre ses propres idéaux. En ce sens, PMB est une femme du XXIe siècle. Mais elle

---

[11] *Paula Modersohn-Becker und die Kunst in Paris um 1900 : Von Cézanne bis Picasso*, *op. cit.* p. 49.

fascine aussi par ses œuvres fortes, d'une grande modernité qui ouvrent la voie à l'expressionnisme et, bien que cela puisse apparaître comme un paradoxe, elle ne manque pas, dans notre siècle angoissé, de retenir notre émotion par la tendresse et la poésie qui rayonnent de ses œuvres.

Le groupe *Die Brücke* face à la censure des Sécessions

Nous avons décrit dans le premier Chapitre de cet ouvrage l'étonnante croissance économique de l'Allemagne après la fondation de l'Empire, croissance dont la rapidité modifia en profondeur toute la société allemande en détruisant son mode de vie ancestral pour lui substituer un modèle économique fondé sur le capitalisme libéral et les vertus bourgeoises. La ville de Dresde, au sud-est de l'Allemagne dont le mouvement *Die Brücke* est issu, n'a pas été épargnée par ces bouleversements. Dresde était avant tout une résidence royale, celle des Rois de Saxe, abritant de nombreux régiments et comptant de nombreux fonctionnaires et retraités. Dans cette ville paisible vinrent s'installer progressivement de nombreuses industries, en particulier dans le domaine de la fabrication de papier et de la mécanique, qui causèrent, par l'efficacité de leurs structures de production et de ventes, la disparition de nombreuses petites et moyennes entreprises non seulement dans la ville mais dans toute sa périphérie. Cette destruction de l'ancien tissu économique provoqua de graves tensions sociales qui entravèrent l'activité de la région. Il n'y avait pas de mois sans grèves et le pouvoir, aussi autoritaire qu'à Berlin, n'hésitait pas à envoyer les troupes qui tiraient à balles réelles sur les manifestants pour les disperser.

La scène culturelle à Dresde était très traditionaliste. Elle était dominée par des peintres locaux bien établis qui se réclamaient du mouvement *Nazaréen*, une école de peinture qui avait été fondée à Rome par un groupe d'artistes allemands en 1809/1810 avec pour objectif de renouveler l'art allemand alors en plein romantisme. Ce renouveau était attendu de l'étude des sources picturales religieuses des XVe et XVIe siècles allemands ainsi que de l'étude des travaux de Raphael et des peintres italiens de la fin de la Renaissance. Cette synthèse des genres n'apportait rien de nouveau, mais un art flamboyant de nature largement académique. Cependant, un vent de révolte artistique, même fort tempéré, soufflait sur cette ville au cours du XIXe siècle.

Quelques écoles d'art peu inféodées au style académique cherchaient à se sortir de ce carcan pour s'orienter vers un style de peinture plus proche de la nature. L'impressionnisme fit ainsi une timide percée avec des peintres totalement oubliés de nos jours comme Carl Bantzer ou Paul Baum. Certaines galeries privées de la ville de Dresde firent preuve d'audace. Ainsi, la galerie Ernst Arnold exposa Van Gogh en 1905 et la galerie Emily Arnold, Gauguin en 1906. L'opéra et le théâtre cherchaient aussi à présenter au public des œuvres en relation directe avec les problèmes sociaux de l'époque. On y joua par exemple l'opéra *Salomé* de Richard Strauss, *Oncle Vania* d'Anton Tchekhov et même la pièce très engagée de Gerhart Hauptmann, le grand écrivain réaliste de l'époque comparable à Emile Zola, *Die Weber* (Les tisserands). Cette pièce qui dénonçait avec virulence la condition ouvrière au milieu du XIXe siècle était aussi politiquement chargée qu'à son époque la pièce de Beaumarchais, *Le mariage de Figaro*.

Mais toutes ces tentatives furent de courte durée. Ainsi, par exemple, Bantzer et Baum fondirent à Goppeln, un petit village proche de Dresde, une école impressionniste dont le plus grand mérite fut de conduire certains de ses élèves d'établir en 1893 une Sécession qui ne résista cependant pas aux tempêtes car elle fut rapidement dissoute en 1901.

C'est dans cette atmosphère lourde que fut créé le 7 juin 1905 - d'après un document de Ernst Ludwig Kirchner - le groupe *Die Brücke*. L'origine du groupe est cependant plus ancienne. Dès 1902, deux des fondateurs du groupe, Kirchner et Fritz Bleyl, alors étudiants en architecture à l'école technique de Dresde, s'essayèrent à la peinture. Les deux autres fondateurs du groupe, Erich Heckel et Karl Schmidt-Rottluff (Rottluff était le nom du petit village dans lequel l'artiste était né et dont il ajouta le nom au sien propre), étaient alors encore au lycée. Ils rencontrèrent Kirchner lors d'une représentation théâtrale à Chemnitz et se lièrent d'amitié. C'est ainsi que Heckel et Schmidt-Rottluff s'inscrivirent à leur tour à l'école technique de Dresde pour étudier l'architecture. En fait tous les quatre étaient plus intéressés par la peinture que par l'architecture, mais la réputation conservatrice de l'Académie des Beaux-Arts de Dresde les avait détournés de la fréquenter. Ils décidèrent alors de se regrouper hors des institutions pour tenter l'aventure de la peinture.

La volonté du groupe ainsi formé était de renouveler la peinture de leur époque, ce qui n'avait rien de très original, mais aussi de la rapprocher de l'art du peuple en optant pour une sorte d'art brut directement assimilable par ceux-là mêmes qui n'avaient aucune connaissance dans le domaine. On retrouve là une ambition partagée par de nombreux mouvements culturels dont le plus connu est celui des *Ambulants* en Russie à la fin du XIXe siècle. Ainsi le nom que prit le groupe, nom trouvé par Schmidt-Rottluff, s'imposa-t-il de lui-même, *Die Brücke*, c'est-à-dire le pont qui relie les artistes au peuple.

Comme tout mouvement qui se respecte, *Die Brücke* eut aussi son programme dont le contenu exposé ci-après demeure un peu au deçà des objectifs précédents[12] : *En raison de notre confiance dans le développement de l'art, nous appelons toute une jeune génération de créateurs et d'amateurs d'art à se joindre à nous. Nous voulons créer avec vous des œuvres libres qui s'opposent avec détermination aux forces conservatrices. Tous ceux qui ressentent fortement et sans ambiguïté le besoin de créer appartiennent par nature à notre communauté.*

Cet appel n'eut pas grand effet. Il est vrai cependant que Max Pechstein, sur invitation de Schmidt-Rottluff, se joignit au groupe en 1906 pour en être finalement exclu en 1912 en raison de sa décision de devenir membre de la Sécession berlinoise. Emil Nolde rejoignit le groupe aussi en 1906 pour le quitter un an plus tard en même temps qu'un des membres fondateurs du groupe, Fritz Bleyl. Le peintre Otto Mueller fut le dernier à rejoindre *Die Brücke* en 1910. Ce groupe s'avéra donc être à géométrie variable. Les efforts de certains pour l'agrandir en recrutant des artistes prestigieux comme Edvard Munch furent voués à l'échec. Le groupe continua à exister en cercle restreint jusqu'à ce que ses membres se dispersent en 1913 pour que chacun puisse poursuivre sa propre voie sans générer de querelles internes.

L'apprentissage de la gravure

Les pères fondateurs du mouvement *Die Brücke* étaient âgés de 22 à 25 ans quand ils se rencontrèrent. Aucun n'avait de formation artistique à l'exception de Kirchner qui avait suivi un semestre de cours de peinture à Munich. Il fallait donc acquérir les bases d'une telle formation, ce

---

[12] Horst Jähner, *Künstlergruppe Brücke*, Berlin, Henschel Verlag, 1996, p. 22.

qu'ils firent en sollicitant deux professeurs de l'Académie des Beaux-Arts de Dresde : Gotthard Kühl et Robert Sterl. Ces derniers firent acquérir au groupe les rudiments de la gravure et de la lithographie. Cependant, Kühl comme Sterl restaient esthétiquement bloqués sur l'impressionnisme, style que le groupe abhorrait. Il ne restait donc plus qu'à se former soi-même en espérant trouver à force d'échecs et d'avancées cette forme radicale d'expression à laquelle le groupe aspirait.

Une telle approche nécessitait que l'on puisse travailler dans un atelier commun. C'est Heckel qui le trouva, une ancienne échoppe de cordonnier suffisamment grande pour organiser un travail en commun et servir aussi de forum de discussions. En effet, le renouvellement de l'approche picturale recherchée ne pouvait se concevoir qu'au sein d'une démarche intellectuelle globale. Celle-ci devait inclure l'étude d'œuvres qui dans des domaines aussi différents que la poésie, la littérature et la philosophie avaient abouti à des ruptures radicales de style et de pensée. Ainsi le groupe étudia-t-il avec ferveur les poésies de Walt Whitman et surtout la philosophie de l'incontournable Nietzsche. Nietzsche, dont la pensée, nous l'avons vu, avait déjà désaliéné PMB, les conforta dans leur opinion que toute radicalité en peinture devait trouver sa source dans l'expression de la vie. Notons ici que cette considération du groupe *Die Brücke* quant à l'assimilation de l'art et de la vie devance de près de cinquante ans la philosophie du mouvement *Fluxus* qui reprendra le même thème[13] dans les années 1950.

Le groupe s'essayera d'abord à la gravure, mais essentiellement à la gravure sur bois non seulement en

---

[13] Bernard Verdier, *L'art désenchanté. Essai sur les origines de l'esthétique contemporaine*, Paris, Éditions L'Harmattan, 2021, p. 33 et suivantes.

raison de son coût plus modeste mais surtout en raison du caractère fruste et primitif de son matériau de base. Il est important de noter que ce choix n'est pas seulement de caractère économique. S'il est vrai que la gravure allemande des XIVe et XVe siècles est d'abord de la gravure sur bois dans laquelle se sont illustrés des artistes aussi célèbres que Martin Schongauer et Albrecht Dürer et qu'il n'est donc pas innocent d'en reprendre la tradition, le bois, et donc la forêt jouent dans la mythologie allemande un rôle significatif. La forêt n'est pas seulement un regroupement d'arbres, c'est un être qui vit et auquel de nombreux contes merveilleux sont associés. Le bois est donc le matériau le plus proche de la sensibilité populaire allemande.

Les premières tentatives de gravures sur bois, en particulier celles de Heckel et Bleyl, seront fortement marquées par le style *Art Nouveau*[14]. Conscient de la nature d'un style en déclin, le groupe chercha à s'en détacher en portant son intérêt sur la gravure française qui sous l'influence de Raoul Dufy prendra une direction toute nouvelle où *l'artiste crée librement* [et] *n'a pas d'autres maîtres que sa conscience*[15]. L'œuvre de Vallonton avec ses contrastes appuyés de blanc et de noir va particulièrement retenir son attention. Cependant, l'artiste qui eut sur la gravure de *Die Brücke* la plus forte influence fut indiscutablement Edvard Munch. Il est probable que les membres de *Die Brücke* firent la connaissance de Munch en 1906 alors que celui-ci exposait une vingtaine de ses toiles à Dresde dans le cadre de l'Association des Artistes de Saxe. L'engouement des membres de *Die*

---

[14] *Figures du Moderne, 1905-1914. L'expressionnisme en Allemagne, op. cit.* Voir l'article de Magdalena M. Moeller, *La gravure dans l'histoire de la Brücke,* p. 63 et suivantes.

[15] Roger Avermaete, *La gravure sur bois moderne de l'occident*, Paris, Dorbon Ainé Editeur, 1928, p. 20.

Brücke pour cet artiste fut tel qu'ils essayèrent en vain de le recruter, comme déjà mentionné.

Les gravures sur bois de Munch ont ceci de particulier qu'elles sont toujours réalisées sur bois de fil, c'est-à-dire, que la planche à graver est coupée dans le fil du bois par opposition au bois de bout qui, elle, est coupée dans le sens perpendiculaire au fil du bois. La planche est ensuite retravaillée par un système d'assemblage qui permet un travail de gravure beaucoup plus fin. Le travail sur bois de fil donne un résultat plus fruste mais qui n'est pas sans intérêt. Le génie de Munch sera en effet de ne pas travailler la planche au point d'éliminer tous les défauts du bois qui apparaissent nécessairement lors de la taille dite d'épargne. Munch va au contraire les intégrer dans son travail donnant ainsi à ses planches un caractère rugueux mais aussi puissant de naturalité. C'est cet aspect en apparence peu travaillé de la gravure sur bois de fil et surtout la force expressive qu'une telle technique induit qui vont séduire les membres de *Die Brücke*.

Loin de se complaire à imiter Munch et Vallonton, les membres de *Die Brücke* expérimenteront sans relâche, jusqu'à trouver leur style propre, un style qui du motif ne retient que l'essentiel, le coule dans des formes géométriques simples et l'immerge dans des contrastes forts de blanc et de noir ou de couleurs élémentaires. De plus, le dynamisme de ces figures gravées est particulièrement fort. C'est que, toujours dans l'esprit de saisir la vie dans son principe, le groupe chercha à travers les études de nus et surtout de leurs mouvements à capturer l'expression la plus juste des gestes, l'origine de leur dynamisme. Ainsi chaque séance de pose des modèles qu'ils recrutaient ne devait pas durer plus de quinze minutes après quoi le modèle changeait de position. Par ce biais ils voulaient, selon Kirchner, *tirer l'exaltation de créer de la vie et se soumettre à l'événement*[16]. Leurs gravures donnent ainsi l'impression de bondir à la rencontre du spectateur. Il est vrai aussi que, par construction, ces gravures dépourvues de narratif acquièrent un caractère austère qui n'est pas du goût de tous.

La réussite de *Die Brücke* dans le domaine de la gravure sera telle que l'on aura souvent tendance à ramener tout l'art des expressionnistes à cette dernière[17]. Notons aussi que la recherche d'un art singulier issu de la tradition allemande a conduit certains historiens d'art à identifier dans le travail de *Die Brücke* une des sources de la pensée nazie[18]. Rien n'est plus faux, car cette vision des choses procède toujours de la même erreur qui, ignorant le travail quotidien des artistes et leurs préoccupations techniques, privilégie uniquement une interprétation théorique de leurs œuvres. De plus, les artistes qui constituèrent en son temps le groupe *Die Brücke* n'ont jamais eu d'engagements politiques même après 1918 (à l'exception de Nolde) et leurs convictions humanistes les éloignaient d'une telle idéologie.

L'expérience de la peinture

Pour la peinture, les choses furent plus délicates bien que les membres de *Die Brücke* n'épargneront pas leurs efforts pour parvenir à la même maîtrise d'instantanéité et de force dont leurs gravures commençaient à faire preuve. Rien n'y fit : ni la négation de la perspective, ni le

---

[16] Horst Jähner, *Künstlergruppe Brücke*, *op. cit.* p. 22.

[17] Les matrices gravées de Karl Schmidt-Rottluff sont considérées maintenant comme des œuvres d'art à part entière. Voir *: Karl Schmidt-Rottluff, Die Holzstöcke*, Berlin, Publikation des Brücke-Museums, 2011.

[18] *Die Brücke in Dresden, 1905-1911*, Dresden, Dresden Städtische Kunstsammlung, sans date, p. 58 et suivantes.

rapprochement de couleurs qui criaient d'être ensemble ne suffirent à rendre cette expression d'immédiateté qu'ils recherchaient. Ce n'est pas un hasard d'ailleurs si pratiquement toutes les toiles de leurs premiers essais furent détruites (à l'exception de celles de Kirchner dont on soupçonne qu'il falsifia les dates de production) ou réutilisées.

En fait, de quoi voulaient rendre compte les artistes de ce groupe ? De la vie sous toutes ses formes à travers une technique picturale qui rendrait sans filtre le caractère prégnant et immédiat de celle-ci. On pourrait donc s'attendre à ce que, compte tenu du climat de l'époque, la matière pour une telle tentative ne manqua pas. Contrairement à leurs ainés, cependant, ces jeunes artistes ne s'intéressaient pas vraiment aux problèmes sociaux de leur époque. Un peu à la manière de Matisse et Derain à Collioure, ce qui les passionnait tournait autour de problèmes purement techniques, purement esthétiques.

Cependant on ne pouvait franchir l'obstacle qu'en regardant autour de soi pour voir ce qui avait déjà été fait dans cette direction. Or, comme mentionné, la galerie Ernst Arnold de Dresde exposa en novembre 1905 des tableaux de Van Gogh qui avaient été déjà exposés à Berlin dans la galerie des frères Cassirer. La galerie Ernst Arnold était coutumière des expositions d'avant-garde. Elle avait déjà exposé en 1899 des œuvres de Pierre Renoir et d'Edouard Manet ainsi que des œuvres d'impressionnistes comme Monet, Pissaro, Sisley et nombre d'autres. Les membres de *Die Brücke* avaient, comme nous l'avons vu, peu de goût pour les impressionnistes. Par contre ils s'enthousiasmèrent pour le travail de Van Gogh. Ils furent fascinés par la palette de l'artiste : par ses couleurs presque sorties du tube et dont l'agencement formait des contrastes puissants, par la gestuelle du travail du pinceau, ses touches nerveuses et courtes qui faisaient vibrer la toile, et surtout par l'attention que l'artiste portait aux choses humbles, à la réalité de la vie. Leur travail futur en fut fortement influencé. Il est probable aussi, bien que cela reste à démontrer, qu'ils ne furent pas insensibles à l'art de Gauguin dont la galerie Emily Arnold exposa les œuvres en 1906. Avec ces deux artistes, les membres de *Die Brücke* avaient trouvé la clé nécessaire à la résolution de leurs problèmes picturaux.

Au cours des premières années de son existence, disons jusqu'en 1911, le groupe *Die Brücke* s'intéressait surtout à une peinture de genre exécutée dans un cadre naturel et même bucolique. Pour cela il fallait quitter Dresde et s'installer à la campagne. C'est ce que firent en 1907 Pechstein et Kirchner qui s'établirent à Goppeln, une petite colonie d'artistes où, rappelons-le, Bantzer et Baum avaient fondé une école impressionniste alors que Heckel et Schmidt-Rottluff préférèrent déménager à Dangast. Ces incursions dans la campagne leur furent favorables. Ils produisirent des centaines de peintures qui, partant de l'imitation de grands artistes, Van Gogh, bien sûr, évoluèrent vers un style plus personnel. En 1908, Pechstein, qui avait fait un bref séjour à Berlin, proposa à Heckel et Kirchner de se rassembler dans un petit village niché entre forêts et lacs au nord de Dresde : Moritzburg. Schmidt-Rottluff les rejoignit quelques mois plus tard. L'objet de cette proposition était, au-delà du travail en commun, de se plonger dans la nature afin de parvenir à une espèce d'osmose artistique entre nature et les œuvres de *Die Brücke*, ce qui avait été dès le départ l'ambition suprême du groupe.

La période de Moritzburg fut sans doute la plus productive de toute l'existence de *Die Brücke*. Dans ce travail commun et très exactement comme ils avaient procédé pour la gravure, les membres du groupe se débarrassèrent petit à petit des influences qui avaient pesé sur leurs précédents travaux. Il en résulta alors un style très particulier et surtout commun au point qu'il est souvent difficile de savoir qui a peint quoi dans cette production des années Moritzburg.

Quel était alors le style de ces œuvres que l'on qualifie maintenant de peintures expressionnistes ? Comme dans leurs gravures - c'est probablement cela qui amène de nombreux historiens d'art à soutenir, sans doute avec raison, que ces dernières ont influencé leurs peintures - les artistes de *Die Brücke* ne se préoccupent pas de la perspective, ils recherchent les traits essentiels de ce qui est représenté et ne s'intéressent en aucune manière à l'éternel problème de la forme et de la couleur. Les personnages qu'ils peignent sont souvent construits à partir de formes frustes qu'on pourrait attribuer, à tort, à une absence de métier. Ainsi leur style est immédiatement reconnaissable. Si l'on examine n'importe quelle œuvre de cette époque on constatera aisément que les personnages et la nature dans laquelle ils évoluent ne sont en aucun cas singularisés par des limites. Seules les couleurs les distinguent en se juxtaposant, indiquant par là que l'homme et la nature fusionnent.

On a souvent rapproché le style des expressionnistes allemands de celui des fauves français pour en conclure que cette peinture expressionniste n'avait aucune originalité propre. Comme déjà indiqué au début de ce Chapitre, une telle prise de position s'assimile à un aveuglement. Les préoccupations des pères du fauvisme n'étaient pas celles des expressionnistes allemands. Où aurait-on lu ou même entendu que Matisse et Derain, par exemple, étaient préoccupés par la fusion, sur le plan pictural, de l'homme et de la nature ? On ne peut dénier cependant que la connaissance du travail de Matisse a probablement amené les expressionnistes allemands à gommer jusqu'à un certain point ce que leurs peintures pouvaient avoir d'excessif. Mais il n'en reste pas moins que le style très libre de *Die Brücke* ne peut se détacher de l'environnement qui l'a vu naître, en particulier de la vie très relâchée que le groupe a menée à Moritzburg et qui est sans comparaison possible avec l'atmosphère de Collioure. Enfin et surtout, le style des expressionnistes se mâtinera très tôt des influences de l'art primitif à la suite des voyages de Kirchner et Pechstein en Asie. N'oublions pas, en effet, que tous les expressionnistes furent aussi des sculpteurs qui recherchèrent comme dans leurs peintures à approcher de plus près l'art primitif. Schmidt-Rottluff sculptera lui-même tous ses meubles dans son appartement de Hambourg.

Venons-en maintenant à une question essentielle : comment cet art fut-il reçu en Allemagne ? La réponse est sans surprise, très mal. Son caractère excessif l'a probablement écarté de toutes considérations « sérieuses » et a rendu sa promotion problématique même dans les instances qui étaient supposées promouvoir l'avant-garde artistique.

La première exposition de *Die Brücke* se tint à Leipzig en 1905 dans un espace privé dédié à toutes sortes d'activités et géré par Beyer et Sohn. La seconde, dans un magasin de lampes à Dresde, la boutique Seifert. La troisième à Braunschweig suivie d'une autre, de nouveau chez Seifert. Il n'y eut que très peu de visiteurs et encore moins de commentaires. La première exposition, qui bénéficia d'un cadre plus solennel que les précédentes, se tint dans la galerie Richter à Dresde en 1907. Bernard S. Myers[19] commente ainsi la réception de cette exposition : *À la place du lourd silence qui avait accompagné leurs précédentes expositions, cette offre nouvelle*

[19] Bernard S. Myers, *The German Expressionists*, New York, Éditions Frederik A. Praeger, 1966, p. 114.

(essentiellement postimpressionniste et symboliste) fut reçue avec dégoût, insultes et avec tout le tintamarre négatif qui colle aux basques des mouvements les plus modernes. Ce n'étaient pas seulement les vieux artistes partisans de l'académisme qui s'opposèrent à ce que ces jeunes hommes essayèrent de faire, mais aussi un groupe d'artistes impressionnistes supposé plus libre et issu de la nouvelle Sécession de Berlin.

Pour souligner encore cette véritable haine qui accompagna les travaux de *Die Brücke*, Myers citera une allocution que Lovis Corinth (pourtant le plus expressionniste des impressionnistes) donnera à l'Association des Étudiants Libres de Berlin en 1914 dans laquelle il fustigera les références que peuvent faire certains artistes à l'art primitif, art qui n'a, à son sens, rien à voir avec le génie de l'homme, ni avec l'expression de ses sentiments les plus profonds. Comme on le voit, l'éternelle justification du colonialisme s'invite dans l'art !

Nous voici maintenant au cœur de la question de la difficile reconnaissance d'un art qui fut à l'origine de la renaissance de l'art allemand. Notons, comme nous l'avons fait remarquer, que ce n'est pas le pouvoir en place qui s'opposa à *Die Brücke*. D'ailleurs, quelle menace ce groupe pouvait-il représenter ? Il n'était pas vraiment vocal, n'avait aucune connexion avec l'élite de la bourgeoisie en place et n'avait aucun réseau contrairement aux expressionnistes rhénans que nous étudierons ci-après. Le groupe ne pouvait exposer que dans des magasins ou des galeries de seconde classe à l'exception de la galerie Richter et à la limite au tout nouveau Folkwang Museum à Hagen qui était une fondation privée. De plus, il faut tout de même le signaler, contrairement aux impressionnistes qui pouvaient déranger un certain public, l'expressionnisme horrifiait tous les publics selon les critiques de l'époque. La promotion de cet art jusqu'au début de la Première Guerre mondiale était donc laissée à la merci des Sécessions qui seules pouvaient assurer une visibilité adéquate des travaux de *Die Brücke*.

Mais la Sécession berlinoise après avoir habilement manœuvré pour s'établir vis-à-vis du pouvoir comme une institution à la pointe du modernisme - car pour ses membres, l'impressionnisme était de loin la plus grande révolution artistique du XIXe siècle - et après avoir donné à ce même pouvoir, à quelques exceptions près d'ailleurs sans importance, des gages de loyauté dans sa gestion de la scène artistique, va s'instituer comme juge de la qualité des œuvres picturales. Il est difficile d'imaginer plus cynique évolution de la mentalité des directeurs de la Sécession berlinoise. La légitimité que des peintres comme Liebermann et Corinth avaient acquise, avec l'aide de tous les membres de la Sécession, comme représentants d'une certaine avant-garde - à l'époque (1905) déjà bien défraîchie - ils vont maintenant l'utiliser, en refusant tout autre style de peinture, pour s'assurer le monopole de la production d'œuvres faciles à écouler, car acceptées par le pouvoir, les leurs. Les censurés d'autrefois devinrent les censeurs d'aujourd'hui et de ce fait fonctionnèrent comme relais de la politique réactionnaire de l'Empereur Guillaume II !

Comment sortir de cet étau ? Le choix était simple : ou les membres de *Die Brücke* atténuaient la rudesse de leur style avec l'espoir que, comme cet impressionnisme atténué qui avait été accepté par le pouvoir, ce nouvel expressionnisme émasculé pourrait trouver grâce auprès des autorités de la Sécession, ou ils continuaient dans la voie qu'ils avaient tracée. C'est ce qu'ils firent. Mais cela posait des difficultés considérables. Comme nous l'avons déjà mentionné, le groupe *Die Brücke* manquait des réseaux nécessaires pour leur ouvrir les portes des galeries et pour prendre, pour ainsi dire, la Sécession à revers. Il manquait, en effet, de connexions fortes avec des hommes d'influence comme en avaient au moment de la création de la Sécession berlinoise des hommes comme Liebermann et Cassirer. On ne peut mieux étayer cette proposition qu'en notant que Max Pechstein qui avait créé en 1910 le Salon des Refusés, appelé aussi la nouvelle Sécession berlinoise, fut pratiquement le seul à ouvrir ses portes aux travaux de ses anciens collègues. On restait en famille, pourrait-on dire.

De fait, les expressionnistes se retrouvèrent seuls pour imposer leur art. Pour la petite histoire, notons que la réception de leur art par d'autres pays européens ne fut pas plus enthousiaste. La France, on le sait, a réduit leur art à une imitation des fauves et il faudra attendre 1950 pour que la Tate Gallery de Londres accepte une toile de Karl Schmidt-Rottluff qui lui avait été pourtant plusieurs fois offerte par une amie de l'artiste, l'historienne d'art Rosa Schapire. Il ne restait au groupe *Die Brücke* que l'espoir que les différents mouvements artistiques qui naissaient dans ce début de siècle à travers toute l'Allemagne parviennent à rendre obsolètes sinon ringards les travaux exposés aux différentes Sécessions ce qui, par un effet de contraste, aurait mis en avant la modernité de leur travail. C'est à quoi vont contribuer deux mouvements artistiques, l'expressionnisme rhénan et *Der Blaue Reiter,* ainsi que les efforts d'un homme exceptionnel, Herwarth Walden, avec sa revue *Der Sturm.*

CHAPITRE V

Les stratégies de contournement

La Sécession berlinoise s'étant substituée à la censure officielle, la peinture moderne allemande ne pouvait se développer qu'en dehors d'elle, soit en province, comme ce sera le cas pour les expressionnistes rhénans et le *Blaue Reiter*, soit en comptant sur le support de revues artistiques, la plus fameuse étant la revue *Der Sturm* fondée et dirigée par Herwarth Walden.

L'expressionnisme rhénan et la constitution de réseaux

L'expressionnisme rhénan est le nom donné par les historiens d'art allemands à cette branche particulière de l'expressionnisme qui avait comme chef de file August Macke. Hors d'Allemagne, on a souvent tendance à englober ce mouvement dans la catégorie générale de l'expressionnisme. Ainsi par exemple Bernard S. Myers, dans son ouvrage déjà cité sur l'expressionnisme, ne fait aucune référence à ce mouvement comme tel, bien qu'il en mentionne les principaux acteurs. De même, on ne trouve dans le catalogue déjà cité du Musée d'Art Moderne de la Ville de Paris sur l'expressionnisme (voir Note 1 du Chapitre II) aucune mention de ce mouvement. Si nous n'avons pas inclus ce mouvement dans notre étude de l'expressionnisme (Chapitre IV) c'est, d'une part, en raison de différences stylistiques importantes qui existent entre les travaux du groupe *Die Brücke* et ceux des expressionnistes rhénans et, d'autre part, en raison du fil rouge auquel nous nous tenons, à savoir celui d'expliciter les stratégies mises en place par l'avant-garde allemande pour contourner la censure. Or, de nouveau, il y a une différence fondamentale entre l'approche de *Die Brücke* et celle des expressionnistes rhénans pour traiter ce problème.

L'expressionnisme rhénan se constituera comme mouvement plus tardivement que *Die Brücke* et que *Der Blaue Reiter* à l'occasion d'une exposition à la galerie (en fait une librairie) Friedrich Cohen à Bonn en 1913. Seize peintres se présentèrent comme artistes rhénans dont les plus importants sont : August Macke, Max Ernst, Heinrich Campendonk, Carlo Menze, Franz Jansen, Olga Oppenheimer, Franz Henseler et Paul Adolf Seehaus. Ce qui caractérisait les travaux de ces artistes était, d'une part, leur proximité avec les courants esthétiques les plus novateurs de l'époque, le futurisme, l'orphisme et le cubisme et, d'autre part, des éléments esthétiques propres à l'expressionnisme, à savoir, l'exaltation sans filtre des sentiments. Ainsi, Max Ernst rendant compte de l'exposition de 1913 écrira dans le journal *Volksmund* (La voix du peuple)[1] de Bonn : *L'exposition montre comment dans le grand courant expressionniste un grand nombre de forces s'expriment qui n'ont de rapports les uns avec les autres que l'objectif qu'elles cherchent à atteindre : exprimer au mieux la force des sentiments des artistes et*

[1] *Die Rheinischen Expressionisten ; August Macke und seine Malerfreunde*, Bonn, catalogue de l'exposition du 30 mai au 24 juillet 1971 du Städtisches Kunstmuseum de Bonn, Éditions Aurel Bongers, sans date, p. 5.

cela seulement à travers la forme. L'objectif est la peinture absolue.

Cependant, tous les mouvements picturaux mentionnés ci-dessus n'ont pas influencé les artistes rhénans au même degré. On pourrait penser que le cubisme n'a pas sa place dans un monde expressionniste. Pourtant, le cubisme analytique a apporté aux artistes rhénans des éléments techniques que l'on retrouve dans les toiles de Campendonk ou de Franz Henseler. Quant au futurisme, il inspirera Max Ernst dans ses toiles de 1912. Chacun de ses artistes avait cependant son originalité et on ne trouvera jamais chez eux cette fusion des styles qui sera propre aux membres de *Die Brücke* pendant la période de Moritzburg. Mais il n'en reste pas moins que tous leurs tableaux ont aussi un air de famille. Si, hors d'Allemagne, on range ces artistes dans la catégorie des expressionnistes, c'est essentiellement en raison de quelques caractéristiques qu'ils ont en commun avec le mouvement *Die Brücke* : frontalité du motif et explosion des couleurs. Mais aucun ne privilégie la matière comme le fit *Die Brücke* à son origine, mais plutôt la fluidité de la peinture. Enfin, et cela est sans doute le plus décisif, leurs peintures ne cherchent pas à provoquer, on pourrait même soutenir que c'est une peinture sage qui rappelle Matisse pour la composition et Delaunay pour l'agencement et le rythme des couleurs.

Le grand peintre autour duquel tourne ce mouvement est August Macke. Il est né en 1887 à Meschede en Rhénanie du Nord-Westphalie, d'une famille aisée et cultivée. Il fera ses études à Cologne puis à Bonn où sa famille s'installera définitivement. En 1904 il s'inscrira à l'Académie des Beaux-Arts de Düsseldorf qu'il quittera rapidement en raison de l'enseignement sclérosé qui s'y donnait. Pendant deux ans il voyagera beaucoup, en particulier en Italie, en France, c'est-à-dire Paris, et en Suisse. Ces voyages seront extrêmement fructueux non seulement en termes de découvertes artistiques mais aussi en raison des nombreux contacts qu'il établira avec le monde de l'art. De plus, Macke aura la bonne fortune de rencontrer Bernhard Koehler, un riche industriel berlinois, dont il épousera la nièce. Ce dernier, séduit par le travail de Macke, le soutiendra financièrement pendant plusieurs années. Le fils de Bernhard Koehler, prénommé aussi Bernhard, marchera dans les pas de son père : il achètera à Macke plusieurs de ses œuvres et financera ses différents voyages à travers l'Europe. Ainsi en 1906 Macke se rendra en Angleterre puis en Hollande, et en 1907 il retournera à Paris avec Bernhard Koehler (fils) où il restera trois mois et se familiarisera avec les œuvres de Monet, Degas et Pissaro. Après un bref séjour à Berlin, où il étudiera sous la direction de Corinth, il retournera à Paris en 1908, puis en 1911. C'est à partir de cette date que Macke créera la plupart des œuvres qui le rendront célèbre de par le monde. Il mourra en Champagne au début de la Première Guerre mondiale le 8 août 1914, à l'âge de 27 ans.

L'intérêt pour le travail de Macke et plus généralement pour les expressionnistes rhénans s'éveillera rapidement sur la scène artistique rhénane, munichoise et berlinoise. Cet intérêt sera alimenté en premier lieu par les galeries privées qui les exposeront très rapidement bien avant 1914 en même temps que les peintres français. Notons que contrairement à des a priori bien ancrés, l'hostilité à l'Allemagne n'était pas dominante chez les artistes français et inversement chez les artistes allemands[2]. La proximité de la région Rhénanie du Nord-Westphalie avec la France a sans doute facilité les échanges entre artistes.

---

[2] *Distanz und Aneignung : Relations artistiques entre la France et l'Allemagne*, Berlin, Akademie Verlag, 2004. Voir en particulier : Knut Helms, *Esquisse d'un réseau libéral franco-allemand ; Max Liebermann et la confraternité de l'art*, p. 61 et suivantes.

Guidés par leur désir de damer le pion à la Sécession berlinoise, et aussi sans doute par un solide bon sens commercial, de nombreux hommes d'affaires décidèrent d'ouvrir des galeries d'art dans les principaux centres provinciaux de l'Allemagne.

Ces galeries fournirent la structure de base sur laquelle vont s'appuyer les artistes allemands, surtout les expressionnistes rhénans ainsi que les membres du *Blaue Reiter* pour diffuser leurs œuvres. Il est difficile de les nommer toutes, mais loin de la censure impériale qui ne pouvait se tenir derrière chacune d'elles et souvent même défiantes de l'autorité, certaines galeries ont joué un rôle majeur dans la promotion de l'avant-garde allemande au tournant du XXe siècle. Notons aussi que, comme nous l'avons mentionné précédemment, le public allemand éclairé était friand de peintures et gravures ce qui contribua au succès commercial de ces dernières. Enfin, de par leurs audaces dans leurs choix artistiques et leur dynamisme elles ne tardèrent pas à ringardiser la Sécession berlinoise comme porte-drapeau de l'art moderne.

Parmi ces galeries, citons d'abord *Die Moderne Galerie* (La Galerie Moderne) à Munich. Elle fut fondée en 1909 par Heinrich Thannhauser, un commercial qui avait fait fortune dans la vente de textiles. Il ouvrit d'abord en 1905 une première galerie, *Die Moderne Kunsthandlung* (Le Magasin d'Art Moderne), en association avec un ancien chanteur d'opéra, lui-même reconverti dans la mise en scène et la gestion des carrières artistiques. La combinaison des connaissances éclectiques de ses propriétaires fit des merveilles pour la galerie qui généra rapidement d'importants profits. Cependant, cette galerie, à l'exception d'une exposition Van Gogh en 1908, montra surtout des artistes de la Sécession munichoise. Heinrich Thannhauser avait d'autres ambitions et il décida d'ouvrir sa propre galerie. L'intention de Thannhauser en ouvrant cette galerie était claire. Il écrira en effet : *Il est surprenant que le marché de l'art allemand ne soit pas disposé à reconnaître la valeur des travaux artistiques les plus récents... La Moderne Galerie sera conduite sur la base de l'appréciation des progrès artistiques, sur la reconnaissance de l'individualité des artistes et la promotion de ces derniers*[3]. Thannhauser mit ces paroles en pratique. Il exposera en effet tous les artistes de la modernité : Renoir, Gauguin, Franz Marc, Kandinsky, Leo Putz, Gino Severini, Robert Delaunay, Carlo Carrà, Hanns Pellar, Pablo Picasso et tant d'autres sans oublier les vieilles gloires Corinth et Slevogt qu'il fallait bien ménager.

À côté de la galerie de Thannhauser, il nous faut aussi citer deux autres galeries d'importance : la galerie Feldmann, nommée d'après Otto Feldmann qui ouvrit en 1912 à Cologne le *Rheinischer Kunstsalon* (Salon d'Art Rhénan), presque exclusivement dévouée à la promotion des artistes rhénans mais qui exposa aussi Braque et Picasso. Ensuite, la galerie Alfred Flechtheim à Düsseldorf qui joua un rôle considérable dans la promotion de l'avant-garde allemande en France. Alfred Flechtheim, homme d'une grande culture et parfaitement polyglotte, ouvrit aussi une galerie à Paris où il fréquenta tout ce que la capitale comptait d'artistes et d'intellectuels[4].

À côté de ces galeries, une sorte de galerie/club, dénommée par Macke *Club Worringer*, joua aussi un rôle primordial dans la constitution des réseaux qui allaient

[3] Emily O. Bilaki, *Die Moderne Galerie von Heinrich Thannhauser*, Munich, Edition Minerva, Jüdisches Museum, 2008, p. 19.

[4] Pour un aperçu complet du rôle et des activités d'Alfred Flechtheim on pourra se référer au catalogue du Musée de Düsseldorf, *Alfred Flechtheim, Sammler, Kunsthändler, Verleger*, 1988.

substantiellement aider les artistes. Comme nous l'avons vu au début de cet ouvrage, ce qui permit à Liebermann et Cassirer d'alléger considérablement le poids de la censure en fondant la Sécession berlinoise n'était autre que leurs connexions avec la bourgeoisie et les intellectuels les plus importants de leur temps. C'est à constituer ces liens et réseaux que va s'employer ce club. À l'origine de celui-ci se trouve une galerie de Cologne dénommée *Gereonsclub* (Le club Gereon) fondée par Franz Jansen et Olga et Emmy Oppenheimer. Il se trouvait qu'Emmy était la sœur d'un historien d'art d'une immense réputation à l'époque (et même actuellement), Wilhelm Worringer, dont le livre *Abstraktion und Einfühlung*[5] avait fait sensation dans les milieux universitaires et artistiques. Ainsi, plus qu'une galerie d'art, le *Gereonsclub* devint un lieu d'échanges et de conférences qui, compte tenu de l'influence de Worringer, était fréquenté par les plus grands historiens d'art et artistes de l'époque. On y jouait de la musique d'avant-garde, on y lisait aussi les grands romanciers comme Hugo von Hofmannsthal. Ce syncrétisme des genres artistiques sera, comme on le verra, une des caractéristiques du *Blaue Reiter*.

Ce lieu de rencontre fut l'occasion pour les expressionnistes rhénans de nouer de nombreux contacts qui s'additionneront à ceux que Worringer avait en propre. Macke, dont l'entregent était une de ses qualités, eut très rapidement des liens solides avec les artistes du mouvement *Der Blaue Reiter* dont le fondateur était Wassily Kandinsky, une figure hautement respectée de la

---

[5] Wilhelm Worringer, *Abstraction et Einfühlung*, Paris, Editions Klincksieck, 1986. Voir l'introduction de Dora Vallier qui estime que le terme *Einfühlung* ne peut pas se traduire correctement en français sans altérer le sens originel que lui donna Worringer. Cette introduction donne une très bonne idée des problèmes qui agitaient les spécialistes de l'esthétique en Allemagne aux XIXe et XXe siècles.

scène artistique allemande. Il faut ajouter à cela que l'aura grandissante de l'avant-garde allemande y inclus celle des expressionnistes rhénans incita plusieurs directeurs de musées à leur ouvrir les portes. Certes, il ne s'agissait pas de musées prestigieux qui, de toute façon, étaient obstinément fermés à l'avant-garde, mais d'institutions non dénuées de rayonnement. Ainsi en fut-il de Karl Ernst Osthaus qui fonda en 1902 le Folkwang Museum à Hagen (transféré à sa mort à Essen) qui, comme nous l'avons vu, ouvrira ses portes aux artistes de *Die Brücke*, Alfred Hagelstange qui en 1908 prit la direction du Wallraf-Richartz Museum à Cologne et Walter Cohen qui prit des fonctions importantes au sein du Rheinisches Provinzialmuseum (aujourd'hui Rheinisches Landesmuseum), Bonn.

Ainsi peut-on avancer que la stratégie des expressionnistes rhénans pour contourner la censure est extrêmement proche de celle déployée par leurs ainés pour fonder les différentes Sécessions. Que cela soit calculé ou contingent, on ne peut l'affirmer. Ce qui plaide en faveur d'une stratégie calculée est, d'une part, la connaissance qu'ils avaient tous des modes opératoires des différentes Sécessions, comme le montre abondamment la correspondance de Macke, et surtout leur peu d'appétit pour les travaux et les manières de faire de *Die Brücke*. Si certains expressionnistes rhénans ont eu des contacts avec les membres de *Die Brücke*, comme Erich Heckel, c'est sur une base purement personnelle.

Le résultat de cette approche qui combinait la connaissance des directeurs de galeries avec les liens tissés dans la bourgeoisie et dans le milieu intellectuel fut fructueux. D'abord, la technique qui consistait à contourner Berlin, sauf à exposer à la nouvelle Sécession et à la galerie *Der Sturm* (cette dernière, comme on le verra ci-dessous, défiait directement l'Empereur), mit les expressionnistes rhénans à l'abri de la censure officielle. Ensuite, le caractère plus apaisé de leurs œuvres et la publicité qui en était faite par des personnages talentueux comme Worringer séduisirent un public cultivé. Ainsi les artistes de ce mouvement furent de plus en plus sollicités par les galeristes.

On peut suivre cette évolution à travers le développement de carrière d'August Macke. Sa première exposition aura lieu en 1911 à l'occasion de la première présentation des œuvres du *Blaue Reiter* à la *Moderne Galerie*. Suivra ensuite toute une série d'expositions de ses œuvres : en 1911 au *Gereonsclub* à Cologne, puis à la galerie *Der Sturm* à Berlin, au Museum Folkwang à Hagen et enfin chez Max Goldschmidt à Francfort. L'année 1912 sera sans doute l'année la plus riche d'expositions, citons simplement les villes où elles se tinrent : Cologne, Moscou, Berlin, Munich, Bonn et Jena. Notons qu'à Berlin Macke exposera à la nouvelle Sécession et deux fois à la galerie *Der Sturm*. En 1913 Macke exposera à Dresde, à Bonn (*Kunstsalon Friedrich Cohen*), à Berlin (*Der Sturm*) et à Leipzig. Enfin, en 1914, l'année de sa mort, il exposa à nouveau à Berlin (*Der Sturm*), Hambourg, Stuttgart, Jena, Heidelberg et Munich. Ce succès de Macke, qui fut aussi un succès commercial, n'est pas unique parmi les expressionnistes rhénans. Heinrich Campendonk exposa de 1911 à 1913 pratiquement au même rythme et dans les mêmes galeries que Macke, de même en est-il, à un moindre degré, pour Heinrich Nauen, Paul Adolf Seehaus et Carlo Menge.

Quand on réfléchit aux destins qu'eurent ses deux mouvements, l'expressionnisme allemand et l'expressionnisme rhénan, jugés à l'aune de leur notoriété d'aujourd'hui, on serait tenté de croire que l'audace, même si elle se paye chère, est plus à même d'assurer la renommée que les compromis et la stratégie d'évitement.

En fait, il n'en est rien. On ne peut pas comprendre le succès futur des expressionnistes allemands sans le travail de sape des expressionnistes rhénans qui, en mettant à la disposition du public un art plus accessible, l'a également préparé à des potions plus amères.

Der Blaue Reiter et l'appel de l'universel

Lorsque l'on mentionne le *Blaue Reiter* (le cavalier bleu), on fait implicitement référence à Wassily Kandinsky car c'est bien à lui, et dans une moindre mesure à Franz Marc, que l'on doit la création de cette entité. Nous disons cette entité, car *Der Blaue Reiter* n'est pas un mouvement artistique à proprement parler. L'origine du nom même est sujette à controverse. C'est en 1911, en effet, que Kandinsky eut l'idée d'un Almanach, c'est-à-dire d'un périodique, qui réunirait non seulement des reproductions de gravures, de peintures et de sculptures mais aussi des contributions de toutes sortes, sur la musique, la poésie et autres matières. Le nom qui devait être donné à cet Almanach est issu d'une conversation entre Kandinsky et Marc au cours de laquelle Kandinsky et Marc tombèrent d'accord sur le fait que l'un et l'autre aimaient les animaux, en particulier les chevaux pour Kandinsky, et la couleur bleue. Le titre de l'ouvrage était ainsi tout trouvé : *Der Blaue Reiter.* Ainsi que l'explique Kandinsky lui-même : *En vérité... il n'y eut jamais d'association ni de groupe du Blaue Reiter, comme on l'écrit à tort si souvent. Marc et moi prenions ce qui nous semblait juste, que nous choisissions librement, sans nous soucier de quelque avis ou de quelque souhait que ce soit*[6]. D'où vient alors cette aura associée à ce non-mouvement ?

D'abord, de la personnalité même de Kandinsky. Kandinsky est autant artiste qu'intellectuel. Mais c'est sur ce dernier point qu'il nous faut insister. Kandinsky, né en 1866 dans une famille russe fortunée, a fait des études de droit et de sciences politiques à Moscou, sa ville natale. Il hésita longtemps entre poursuivre dans cette voie - l'université lui offrait un poste de professeur - ou devenir peintre. Les couleurs avaient toujours exercé sur lui un très grand attrait - il se réfèrera souvent aux lumières de Moscou - et cela depuis son plus jeune âge. De plus, naturellement doué pour le dessin, ses parents lui offrirent très tôt des cours dans cette discipline. Il choisit finalement de devenir artiste et c'est à Munich qu'il choisira d'étudier la peinture. Il s'y rendra en 1896. Pourquoi Munich ? C'est qu'au moment où Kandinsky va choisir Munich, celle-ci est encore la capitale artistique de l'Allemagne, sa Sécession était encore bien vivante et surtout parce que, aux yeux de Kandinsky, Munich est aussi brillante en couleurs que Moscou.

L'homme qui arrive à Munich avait déjà trente ans. Il s'installera avec son épouse à Schwabing, un village proche de Munich, ville à laquelle ce village fut ultérieurement rattaché. Plusieurs peintres russes y vivaient déjà : Dimitrij Kardorvsky, Igor Grabar et surtout Alexej Jawlensky et Marianne von Werefkin avec lesquels le couple Kandinsky deviendra très lié. Tous ces exilés prenaient des cours de peinture à l'école fort réputée d'Anton Azbè, que Kandinsky rejoignit également. Il y resta environ trois ans. Sa prestance, son langage et son

[6] Wassily Kandinsky, Franz Marc, *L'Almanach du Blaue Reiter-Le cavalier bleu*, Paris, Editions Klincksieck, 1987. Voir la présentation et les notes de Klaus Lankheit, p. 6.

allure aristocratique firent grosse impression sur les élèves de la classe. Voici celle qu'il fit sur Igor Grabar : *Là* [c'est-à-dire dans l'école de Azbè] *vint un homme avec sa boite de couleurs, il s'installa et commença à travailler. Sa prestance était typiquement russe, avec une pointe de comportement typique du milieu universitaire et le policé d'une haute éducation... Nous l'avons catégorisé immédiatement, pour ainsi dire, comme un intellectuel moscovite*[7].

L'enseignement que reçut Kandinsky dans cette école lui fut très profitable. Azbè était un peintre de grand talent mais fort modeste. Il était bon dessinateur et bien qu'étant ancré dans un impressionnisme attardé, il insistait particulièrement sur l'usage de la peinture pure ce qui ne pouvait que plaire à Kandinsky. D'ailleurs ce dernier lui rendit un hommage appuyé lorsqu'Azbè mourut prématurément en août 1905, à l'âge de 43 ans. En 1900, Kandinsky quitte l'école d'Azbè pour s'inscrire à Munich au cours de Franz von Stuck. Les raisons de ce choix sont assez évidentes compte tenu de la réputation de von Stuck dont nous avons évoqué le travail au Chapitre III. De plus, von Stuck laissait à ses élèves une grande liberté dans le choix de leurs horaires.

En 1901, Kandinsky n'hésita pas à créer sa propre école de peinture à Schwabing qu'il baptisa *Phalanx.* L'idée était assez classique. Bien que Kandinsky professât une grande admiration pour von Stuck et en particulier pour son amour des formes, il ne pouvait s'empêcher de penser que le travail du maître manquait de réelle profondeur. Pour Kandinsky, en effet, les nouvelles recherches de *Phalanx* ne devaient pas être uniquement esthétiques. Il était persuadé que le peintre avait un rôle

---

[7] *Der Blaue Reiter*, Baden-Baden, Museum Frieder Burda, 2009, p. 20.

essentiel à jouer dans la société, en particulier celui d'élever l'esprit des gens pour les désaliéner du matérialisme ambiant. C'est dans son école que Kandinsky rencontra Gabriele Münter qui partagea sa vie pendant plusieurs années. Mais bien que l'école proposa de nombreuses expositions, elle fut un échec ; l'école ferma en 1903 et *Phalanx* fut dissout en 1904.

De 1904 à 1908, Kandinsky et sa nouvelle compagne, Gabriele Münter, vont voyager à travers toute l'Europe et feront deux séjours à Paris dont le plus important durera environ une année, de mai 1906 à juin 1907. Mais l'été 1908 marque un tournant dans la production de ces artistes. En effet, Münter achètera une maison à Murnau, près de Munich, qui deviendra un lieu de rencontre et de travail pour d'autres artistes comme Jawlensky et von Werefkin. D'après Annegret Hoberg[8] : *C'est à Murnau que ces quatre artistes parvinrent à effectuer en très peu de temps une percée stylistique picturale à laquelle chaque artiste s'était par le passé longuement efforcé de parvenir*. Et l'auteur d'ajouter immédiatement : *Cette date est pour la peinture de l'expressionnisme allemand d'une signification décisive - conduisant à l'origine du Blaue Reiter et à une avancée concomitante d'une peinture expressive et intense en couleurs qui se détache de plus en plus de l'image de la nature et conduira, dans le cas de Kandinsky, à l'abstraction.* Cette percée artistique engendrée par le travail en commun n'est pas en effet sans rappeler celle des fauves à Collioure ou des expressionnistes à Dresde.

L'année suivante, Kandinsky créera la Nouvelle Association des Peintres Munichois dont il prendra la présidence. Gabriele Münter en écrira ce qu'il est convenu d'appeler « la circulaire » dans laquelle est clairement

---

[8] *Der Blaue Reiter,* op.cit. p. 24.

invoquée l'idée que la nature n'est pas seule pourvoyeuse de formes mais que l'expérience intérieure des artistes peut aussi s'exprimer sous des formes nouvelles. Passer des idées aux actes requérait non seulement des travaux qui explicitaient picturalement cette démarche mais aussi des lieux d'exposition. Kandinsky était conscient de cette difficulté d'autant plus que « la circulaire » n'incita aucune galerie de Munich à faire des offres et que son expérience de *Phalanx* était encore brûlante. Kandinsky eut alors l'idée de faire appel à Hugo von Tschudi qui, à la suite de sa révocation comme Directeur de la Nationalgalerie de Berlin (voir Chapitre III), avait été nommé à la tête des musées munichois. Cette démarche fut couronnée de succès.

La première exposition de cette Nouvelle Association eut lieu au premier étage de la *Moderne Galerie* en décembre 1909. Elle réunit 128 peintures. Les critiques ne furent pas tendres avec le travail exposé. Kandinsky rapporte dans ses *Erinnerungen an Franz Marc* (souvenirs sur Franz Marc) que l'on crachait sur les tableaux. Le plus embêté fut Thannhauser lui-même. Sa galerie jouissait d'une excellente réputation sur la place de Munich et il craignait de voir cette réputation sérieusement entachée. Mais Hugo von Tschudi vint à son aide en visitant longuement l'exposition et en se répandant en commentaires positifs. Cette action eut l'effet de calmer la critique et évita à Thannhauser de décrocher les tableaux comme cela avait été le cas avec l'exposition Edvard Munch à la galerie Schulte. La deuxième exposition de la Nouvelle Association se tint dans les mêmes lieux en septembre 1910 et n'eut pas plus de succès alors que Kandinsky avait élargi le choix des exposants à des peintres français et russes. C'est cette exposition que visita Franz Marc qui, dépité par les recensions acerbes qui en avaient été faites, écrivit une lettre élogieuse à la Nouvelle

Association. C'est en 1911 seulement que Franz Marc fit la connaissance de Kandinsky à la suite du retour de ce dernier d'un séjour de plusieurs mois en Russie. À ce même moment des dissensions graves naissaient à l'intérieur même de la Nouvelle Association, minée par un groupe conservateur, ce qui conduisit Kandinsky à la quitter. On peut dater de ce moment l'idée de Kandinsky de faire paraître un Almanach qui expliciterait son approche de l'art et de la peinture en particulier.

L'Almanach du *Blaue Reiter* comme outil de diffusion d'un art universel

Le projet de Kandinsky de faire paraître une revue périodique trouvait son origine dans la volonté de ce dernier de faire prendre conscience à la communauté artistique que la source de l'art et son développement avaient un caractère universel. Ainsi dans le bulletin de souscription à l'Almanach on peut lire : *C'est la conscience de cette coalescence mystérieuse de la création artistique nouvelle qui a fait germer l'idée du Blaue Reiter. Son appel doit rassembler les artistes des temps nouveaux et ouvrir les oreilles des profanes. Les livres du Blaue Reiter sont exclusivement créés et dirigés par des artistes. Le premier, celui dont nous annonçons ici la publication (d'autres suivront sans délai fixé d'avance), embrasse le mouvement pictural le plus récent en France, en Allemagne et en Russie ; il découvre le réseau de relations subtiles qui unit ce mouvement à l'art gothique et aux primitifs, à l'Afrique et au vaste Orient, à l'art populaire et à celui des enfants, tous deux si expressifs, et en particulier au mouvement musical européen le plus moderne ainsi qu'aux nouvelles idées théâtrales de notre temps.* Kandinsky fut assez discret sur ce projet qu'il ne dévoila qu'a Franz Marc qui fit preuve d'un grand enthousiasme pour sa réalisation. La question du financement fut vite résolue grâce à la générosité de Bernhard Koehler que Marc sollicita par l'intermédiaire de Macke. Restait la question de savoir ce qu'il fallait inclure dans cet Almanach.

Fidèles à leur conception de l'art, Kandinsky et Marc inclurent dans leur périodique de nombreuses illustrations de peintres d'obédience diverse : Vincent Van Gogh, avec le *Portrait du Docteur Gachet*, Robert Delaunay, Nathalie Gontcharova, Jean Arp, Henri Rousseau (dit Le Douanier), Henri le Fauconnier, avec sa fameuse peinture *L'Abondance* (qui le fera considérer à l'époque comme le plus grand peintre cubiste avant Picasso !) et d'autres encore sans oublier bien sûr Franz Marc, Gabriele Münter et Kandinsky lui-même avec une esquisse de la *Composition 4* et une peinture *Composition 5* toutes les deux de nature nettement abstraite. Notons la quasi-absence des peintres de *Die Brücke*, à l'exception de Pechstein qui avait été, comme mentionné, exclu du groupe, et de Erich Heckel représenté par une simple lithographie en noir et blanc. Kandinsky et Marc trouvaient les travaux de *Die Brücke* trop brutaux et manquant de spiritualité. À côté de ces illustrations, on trouvait des reproductions de peintures sous verre bavaroises, des dessins d'enfants, des reproductions de gravures populaires russes, ou même des reproductions d'art primitif et de gravures ou sculptures du moyen âge européen. Venaient ensuite des contributions sur la musique contemporaine avec des partitions complètes. L'Almanach parut en mai 1912, édité par Piper.

L'éclectisme de cet ouvrage se trouvait justifié par un texte de haute tenue que l'on pourrait résumer ainsi. L'essentiel dans une œuvre, de quelque nature qu'elle soit, n'est pas la forme mais l'esprit. Ainsi l'académisme, tant attaché à la perfection de la forme en peinture, se trouvait-il implicitement récusé comme forme paradigmatique de l'art. Comme l'exprimera souvent Kandinsky, il n'y a pas de problème de la forme. Dans sa contribution à l'Almanach, *Sur la question de la forme*, Kandinsky écrira des œuvres représentées dans l'Almanach[9], [qu'elles] *obéissent à un élan intérieur (composition). Le contenu d'une œuvre relève de l'un ou l'autre de ces deux processus où confluent aujourd'hui tous les mouvements secondaires... Ces deux processus sont :*

1. *La désagrégation de la vie matérielle sans âme du XIXe siècle, c'est-à-dire l'abandon des appuis matériels considérés comme les seuls solides, la décomposition et dissolution des parties isolées.*
2. *L'édification de la vie intellectuelle et spirituelle du XXe siècle dont nous sommes déjà les témoins, et qui se manifeste, s'incarne aujourd'hui déjà dans des formes expressives et puissantes.*

C'est donc l'esprit de l'œuvre qui est mis en avant comme critère fondamental de son expressivité et donc de sa qualité. On peut dire qu'une telle conception de l'art rentrait en résonance avec les grands mouvements qui parcouraient toute la vie sociale allemande de l'époque : le rejet de l'autoritarisme qui restreignait l'ampleur de la vision du monde et niait l'altérité, le dégoût devant le matérialisme brutal auquel se trouvait confrontées les classes laborieuses et enfin la soif pour une vie plus contemplative.

---

[9] *L'Almanach du Blaue Reiter-Le cavalier bleu*, *op. cit.* p. 208.

Les expositions du *Blaue Reiter*

Le succès du livre fut important, puisqu'on estime qu'environ 1.200 exemplaires en ont été vendus. Immédiatement, les auteurs se mirent à l'ouvrage sur un autre Almanach qui, pour des raisons diverses, ne vit jamais le jour. Dans l'intervalle les auteurs envisagèrent une exposition des œuvres qu'ils considéraient comme congruentes avec leur philosophie exprimée dans l'Almanach : ce fut la première exposition du *Blaue Reiter* qui se tint dans les locaux de la *Moderne Galerie* du 18 décembre 1911 au premier janvier 1912. Notons au passage que cette exposition se tint au même moment que celle organisée par la Nouvelle Association (rappelons que Kandinsky l'avait quittée en 1911). L'exposition du *Blaue Reiter* devait être le contre-exemple de ce que promouvait cette Nouvelle Association. Elle proposait environ une cinquantaine de toiles dont celles de Delaunay, Rousseau, Campendonk, Macke, Schönberg et, évidemment, de Kandinsky, Münter et Marc. Il y eut bien sûr quelques esprits chagrins pour en critiquer le contenu, mais l'exposition fut convenablement reçue. Grâce à l'entregent de Macke, elle fit escale fin janvier 1912 au *Gereonsclub* près de Cologne, puis à Brême, Hagen et Francfort. Cette exposition fut également récupérée par un homme dont nous parlerons plus tard, Herwarth Walden, qui s'en servira comme produit d'appel, dirait-on de nos jours, pour inaugurer sa fameuse galerie de Berlin, *Der Sturm*. Il y ajouta plusieurs artistes, dont Oskar Kokoschka qui dessina la page de couverture du premier numéro de la revue *Der Sturm*.

La deuxième exposition du *Blaue Reiter* se tint presque à la suite de la première puisqu'elle ouvrit à la galerie Hans Goltz à Munich du 12 au 18 février 1912. Cette dernière fut de moindre importance que la première puisqu'on y présentait que des œuvres sur papier. Mais elle est remarquable par le fait que Paul Klee y était représenté pour la première fois, ainsi qu'Alfred Kubin et même certains membres de *Die Brücke* : Kirchner, Pechstein, Heckel et Otto Mueller. Tous les participants des expositions du *Blaue Reiter* restèrent liés par une grande connivence d'esprit et le désir de poursuivre dans la direction donnée par Kandinsky. Malheureusement, si l'on exclut le fameux voyage en Tunisie entrepris au printemps 1914 par Macke, Klee et Moilliet, tous les autres projets échouèrent et la guerre de 1914 dispersa tous ceux qui avaient participé à cette aventure.

Du point de vue qui nous intéresse, à savoir comment les artistes ont-ils déjoué la censure, on peut constater que la stratégie du *Blaue Reiter* pour se développer est similaire à celle mise en œuvre par les expressionnistes rhénans. D'abord, multiplier les expositions, même si celles du *Blaue Reiter* ont bénéficié de lieux qui n'étaient pas immédiatement ouverts aux expressionnistes rhénans, ensuite tisser des liens avec des personnalités en vue comme von Tschudi et Worringer, et enfin et surtout inclure ces expositions dans un contexte de réflexions critiques qui n'avaient rien de la naïveté ou de l'idéalisme des manifestes des autres mouvements d'avant-garde, que ce soit celui des futuristes italiens ou celui de *Die Brücke*. Kandinsky plaçait sa réflexion sur ce que devait être la peinture à un niveau intellectuel rarement atteint avant lui. Il ne s'agissait plus de faire de l'art pour tous en décrivant la réalité, celle dont le pouvoir voulait rendre compte, ou de changer cette réalité (avec quels moyens d'ailleurs ?), mais de créer un art pour tous en l'inscrivant dans l'universalisme des sentiments de l'homme. Ainsi, dans une approche presque contemporaine, l'œuvre et le narratif sur l'œuvre se trouvaient liés par une démarche consciente et non par le biais de principes déterminés a priori.

CHAPITRE VI

L'art officiel discrédité

La stratégie d'encerclement des différentes Sécessions par les expressionnistes rhénans et les participants au *Blaue Reiter* devait son succès aux artistes qui l'avaient développée mais aussi à la plus grande réceptivité à l'innovation des pays rhénans et surtout de la Bavière. Ces régions étaient devenues, pour ainsi dire, le ventre mou de la résistance officielle. Déjà des revues satiriques comme *Simplicissimus* ou des revues spécialisées comme *Jugend* avaient habitué le public à une vision moins sectaire de la manière de traiter l'art et de l'apprécier. Le seul noyau de résistance se trouvait encore à Berlin, même si une nouvelle Sécession berlinoise (le Salon des Refusés) avait été créée mais sans le succès espéré. Pour briser ce noyau dur, la stratégie évoluera alors vers ce que l'on appellerait de nos jours une stratégie de communication. La première composante de cette stratégie sera la publication par Kandinsky d'un livre qui eut un large retentissement, la seconde, l'organisation d'une exposition d'une envergure exceptionnelle et la troisième, la création et diffusion du mensuel *Der Sturm* qui visait à renverser tous les poncifs de l'art officiel.

Kandinsky et l'art comme expression du spirituel

Alors que la première exposition du *Blaue Reiter* se tenait à Munich, on pouvait voir dans la salle d'exposition un petit ouvrage de Kandinsky paru en 1912 aux éditions Piper : *Du spirituel dans l'art et dans la peinture en particulier*[1]. De l'aveu même de Kandinsky, cet ouvrage était le résumé de ses expériences artistiques. Ce petit livre est divisé en deux parties, la première intitulée « généralités » et la seconde « peintures ». C'est la première qui nous intéressera ici, la seconde étant consacrée presque exclusivement à une théorie des couleurs.

La première partie de l'ouvrage expose la philosophie de Kandinsky en matière d'art. Il part de l'hypothèse que l'art est une connaissance et donc sujet comme telle à des développements similaires. L'art est, comme la connaissance, une nécessité qui repose au cœur de l'homme ; c'est même une nécessité fondamentale qui conduit certains artistes « purs » à ne représenter dans leurs œuvres que les choses essentielles comme la vraie connaissance ne retient que l'universel. De même que la connaissance se bâtit sur le fil d'un même questionnement, les œuvres d'art qui touchent à l'essentiel forment une chaine qui va de l'art primitif à l'art d'aujourd'hui (c'est-à-dire, de son époque).

Sur cette base, Kandinsky va alors distinguer deux formes d'art. Un art superficiel qui se concentre sur l'objet, qui manque d'âme et n'est donc plus utile qu'à des fins matérielles. S'en suit une critique incisive de certains artistes de son époque qui, au lieu de rechercher dans la peinture l'expression d'une subjectivité en recherche

---

[1] Wassily Kandinsky, *Du spirituel dans l'art et dans la peinture en particulier*, Paris, Éditions Denoël, Collection Folio Essais, 1989.

d'objectivation, vont plutôt se tourner vers une production adaptée au goût du public et, guidés par l'appât du gain, vont se lancer dans une concurrence féroce. Kandinsky reprendra, à notre sens, les arguments de Vinnen, mais en en renversant la logique. Cette concurrence, qui chagrinait Vinnen, ne vient pas d'un trop-plein d'artistes, comme le soutenait Vinnen, mais d'une pléthore d'individus dont le seul but est de faire de l'argent. La critique de Kandinsky visait ainsi directement les institutions culturelles en place et surtout ceux qui en acceptaient les règles.

L'autre art est celui promu par les artistes qui ne considèrent pas exclusivement dans l'objet son caractère matériel, *mais un élément intérieur artistique, « l'âme de l'art », sans laquelle son corps... ne pourra jamais avoir une vie saine et véritable, de la même manière qu'un homme ou un peuple*[2]. Qu'on ne s'y trompe pas, Kandinsky prépare ici sa défense de l'art abstrait dont il fut, en 1910, l'un des inventeurs. Tout l'ouvrage vise au même but, à convaincre ses lecteurs que l'art abstrait n'est pas de la décoration (le risque d'une telle assimilation était bien repéré par Kandinsky) mais correspond bien à une nécessité intérieure, à une vibration de l'âme qui rentre en correspondance avec celle de l'objet.

Pour illustrer son propos, Kandinsky propose l'idée d'une pyramide dont la pointe représenterait l'art dans sa plus grande spiritualité et qui s'évaserait vers le bas par tranches successives. Il propose alors une singulière classification des strates de ce triangle qui, au même titre que la connaissance, avance dans le temps par saccades successives. Il commence par la tranche la plus basse qui contient, on s'en doute, les matérialistes, mais, ce qui est plus étrange, les républicains et les socialistes dont on peut

---

[2] Wassily Kandinsky, *Du spirituel dans l'art et dans la peinture en particulier*, *op. cit.* p. 68.

penser qu'il les considère dépourvus d'une grande spiritualité. Kandinsky va ainsi peupler ses différentes tranches pour en arriver à la tranche supérieure. Celle-ci est composée d'intellectuels qui ont perdu confiance dans la science (comme Kandinsky lui-même avait perdu confiance dans la solidité du monde après avoir pris connaissance de la théorie de l'atome de Bohr) et qui se tournent alors vers des explications du monde moins rationalistes comme celles qu'offre la théosophie. C'est à cette occasion qu'on voit citer le nom de Madame Blavatzky, célèbre medium et démiurge de l'époque (page 78 du livre). Comme l'écrira Kandinsky : *Lorsque la religion, la science et la morale (cette dernière sous la rude main de Nietzsche) sont ébranlées ...l'homme détourne son regard des contingences extérieures et les ramène sur lui-même*[3]. Et il ajoutera quelques pages plus loin : *Notre époque est celle de la Grande Séparation entre le réel et l'abstrait et celle de l'épanouissement de ce dernier*[4]. À l'intérieur de chaque strate se trouvent des gens plus audacieux que les autres, en tous cas plus axés sur le spirituel. En même temps qu'ils éclairent certains membres de leur strate, ils montent dans la strate supérieure, impulsant au triangle une poussée vers l'avant et surtout vers le haut. C'est ainsi que le triangle se meut dans le temps.

Il faut convenir que l'ouvrage de Kandinsky n'est pas dépourvu d'un certain mysticisme ou, plus prosaïquement, d'un certain idéalisme. Il n'en reste pas moins qu'il fit à son époque une très forte impression en discréditant totalement la doxa de l'académisme et en renvoyant les célébrités artistiques de l'époque à leur goût du pouvoir,

---

[3] Wassily Kandinsky, *Du spirituel dans l'art et dans la peinture en particulier*, *op. cit.* p. 75.
[4] Wassily Kandinsky, *Du spirituel dans l'art et dans la peinture en particulier*, *op. cit.* p. 89.

des honneurs et de l'argent. La maison d'édition Piper en fit deux éditions qui furent vite épuisées.

L'exposition de Cologne de 1912 ou l'art comme expression de l'universel

La quatrième exposition du *Sonderbund* (Association spéciale) de la Rhénanie du Nord-Westphalie, qui ouvrit ses portes du 25 mai 1912 au 30 septembre de cette même année, eut lieu à Cologne alors que les trois précédentes se tinrent à Düsseldorf. Compte tenu de l'importance de l'enjeu, il y eut de nombreux tiraillements, mais la ville de Cologne fut choisie en raison de son plus grand éloignement de Berlin. La révocation de Hugo von Tschudi de son poste de Directeur de la Nationalgalerie de Berlin, en raison de ses acquisitions de toiles modernes qui déplurent à l'Empereur, était encore dans tous les esprits. Le titre de l'exposition avait d'ailleurs été soigneusement choisi : *Internationale Kunstausstellung des Sonderbundes Westdeutscher Kunstfreunde und Künstler*, soit, Exposition internationale d'art du *Sonderbund* des amis de l'art et artistes de la Rhénanie. Cette exposition est considérée de nos jours comme la plus importante exposition d'art ayant jamais eu lieu. En effet, elle comptait 577 peintures et œuvres sur papier et 57 œuvres diverses, comme des œuvres sous verre, des sculptures et autres artefacts.

Rien n'avait été laissé au hasard. Comme aucun local suffisamment grand pour accueillir l'exposition n'avait été trouvé, ses organisateurs firent venir le bâtiment qui avait été utilisé à l'exposition de Bruxelles en 1910. Il se développait sur une surface de 5.000 m^2 divisée en trente salons où des expositions par artiste pouvaient être organisées. Le comité de direction comptait parmi ses membres des universitaires, des politiciens et des industriels. Ces derniers obtinrent une subvention des autorités régionales de 25.000 marks (ce qui prouve une certaine indépendance d'esprit de ces autorités par rapport aux autorités centrales) et nommèrent un jury responsable de la sélection des œuvres. L'accrochage avait été soigné avec la plupart des tableaux se détachant nettement sur des murs blancs. Les organisateurs avaient aussi pensé aux produits dérivés ; ainsi trouvait-on des affiches, des bannières et même des paquets de cigarettes au logo de l'exposition.

Cette exposition était fortement biaisée en faveur des œuvres figuratives bien que quelques œuvres abstraites de Kandinsky et Picasso y figurèrent. Sur un total de 577 toiles et œuvres sur papier, Van Gogh se taille la part du lion avec 125 tableaux. Compte tenu du caractère peu académique des tableaux de ce peintre, les organisateurs avaient décidé, pour faciliter l'acceptation de ses œuvres par le public, de le présenter comme un peintre appartenant au cercle de la culture allemande[5]. À côté de l'accrochage de Van Gogh, deux pièces étaient réservées à Cézanne et Gauguin. On y trouvait aussi des toiles des artistes de *Die Brücke*, de l'expressionnisme rhénan, du *Blaue Reiter* et de Munch ainsi que des muraux de Kirchner et Heckel. Les peintres français étaient aussi largement représentés avec Picasso, Derain, Signac, Henri Edmond Cros et d'autres encore. Une large part des surfaces d'exposition avait enfin été attribuée aux peintres de l'Europe centrale. En bref, cette exposition fournissait un panorama quasi complet de l'art européen en 1912, amputé marginalement de la tendance abstraite.

---

[5] Le catalogue de l'exposition de Cologne a fait l'objet d'une réédition sous le titre : *1912 Mission Moderne, die Jahrhundertschau des Sonderbundes Köln*, Corboud, Walraff-Richartz Museum, 2012, voir p. 49 pour Van Gogh.

Quel objectif voulaient atteindre les organisateurs ? En premier lieu, bien sûr, présenter au public une vision d'ensemble de la peinture de l'époque en excluant toutes les peintures académiques. L'Allemagne, en effet, était représentée par 19 peintres dont aucun ne faisait partie des Sécessions. On n'y trouvait ni Liebermann ni Corinth ni Slevogt ! En second lieu, capturer à travers elle ce que l'esprit du temps avait d'unique. C'était un thème sur lequel les organisateurs voulaient insister. L'esprit du temps n'était pas cette réalité que l'Empereur voulait montrer, mais bien le surgissement d'une énergie qui se manifestait par des conceptions artistiques variées, quelquefois brutales comme chez les expressionnistes, ou plus intellectuelles comme celles de Kandinsky, mais qui toutes reflétaient le goût des artistes pour la vie et non pour les armes. Le troisième objectif était d'établir Cologne et les pays rhénans comme centres d'art internationaux.

Quel fut l'accueil que le public réserva à cette exposition ? Au niveau de la fréquentation, on ne se pressa pas à l'ouverture puisque l'exposition n'attira qu'environ 9.000 personnes en mai et juin. Par contre les entrées grimpèrent à 160.000 pendant le mois d'août. Pourtant, on peut affirmer que globalement l'exposition fut mal reçue. On en attribua la cause essentielle au fait que les tableaux étaient identifiés par un numéro et non par un nom. Comme le catalogue n'était pas prêt à l'ouverture de l'exposition, il fallait donc parcourir les 5.000 m^2 de l'exposition pour mettre en rapport le nom du peintre et le numéro, à l'exception, bien sûr, des salles réservées à Cézanne et Gauguin.

La raison majeure de cette désaffection du public doit être trouvée dans sa difficulté à comprendre ce nouveau style de peintures, en décalage complet avec le style académique auquel les autorités l'avaient accoutumé, mais également à un manque d'efforts pédagogiques des organisateurs. Plutôt que de tenter de présenter Van Gogh comme un peintre allemand assimilé, il aurait été plus productif d'expliciter la démarche de cet artiste dans le catalogue d'exposition. Cela aurait pu aussi s'appliquer à Kandinsky ou Picasso. Mais à vouloir trop embrasser, le message s'est perdu.

La presse populaire se déchaina comme d'habitude en fustigeant les travaux des artistes, et certaines de ces attaques eurent même parfois un caractère raciste. La presse spécialisée, par contre, fut beaucoup plus positive et salua l'événement. Elle repéra parmi les peintres présentés ceux qui étaient vraiment originaux et qui pouvaient conduire à des développements picturaux révolutionnaires. Des critiques d'art respectés comme Paul Ferdinand Schmidt et Paul Malberg firent des recensions enthousiastes de l'exposition.

À l'international, le retentissement de cette immense exposition fut important et obligea les acteurs de la scène culturelle européenne à tourner leurs regards vers l'Allemagne. Comme nous l'avons déjà souligné, les rapports entre les peintres allemands et les peintres français étaient déjà très développés, mais pour certains artistes, comme les peintres russes, l'exposition fut une occasion de faire connaître leurs travaux à un large public. Par contre, pour les autorités locales qui s'étaient fortement engagées dans cette aventure, cette exposition devint rapidement un casse-tête. En effet, des dissensions importantes entre les membres de la direction et les artistes se déclarèrent rapidement, ce qui conduisit, par exemple, les membres du *Blaue Reiter* à envoyer leurs œuvres à Berlin chez Herwarth Walden. Le caractère universel de l'exposition en fut certainement affecté. Quoi qu'il en soit, cette exposition était clairement un pied de nez à l'Empereur et le fait même que les autorités locales aidèrent physiquement et financièrement à l'organisation de cette exposition montre assez bien comment les artistes étaient parvenus à desserrer l'étau de la censure.

Herwarth Walden et la puissance de la presse

Peu de personnalités du monde de l'art peuvent se comparer à Herwarth Walden, de son vrai nom Georg Lewin. Né en 1878 à Berlin dans une famille dont le père était médecin, Walden fit des études de latin et grec avant de se consacrer à la musique. Il étudia sous la direction de Conrad Ansorge, le plus fameux pianiste de son temps qui avait lui-même étudié avec Liszt à Weimar. Il passa environ deux ans, de 1897 à 1898, à Florence comme jeune talent au titre de la fondation Franz Liszt de Weimar. Ansorge, qui appréciait le talent de Walden, le soutint fortement dans ses débuts de compositeur et de concertiste. L'extrême agitation qui régnait à Berlin dans tous les domaines de l'art - littérature, poésie, peinture, sculpture, etc. - eut un impact très fort sur le jeune Walden qui, fort actif de nature, comptait bien se faire un nom dans la capitale allemande. Pour commencer, Walden, qui connaissait Richard Strauss personnellement, fit paraître sur ce maître un ouvrage dans la série des *Maîtres de la Musique* : *Richard Strauss : sa vie et ses symphonies*.

En 1899 Walden rencontra la poétesse Else Lasker-Schüler, une des représentantes les plus hautes en couleur des expressionnistes dans le domaine littéraire. Elle avait été très malheureuse dans son premier mariage et Walden décida de la libérer de ce lien en la mariant. Il était difficile d'imaginer deux caractères plus opposés. Walden était un manager né. Il avait organisé de nombreux concerts, particulièrement au sein de l'Association Beethoven, jouait lui-même et avec succès en public, composait sa propre musique (dans le style de J. S. Bach) qui était fort appréciée. De plus, Walden contribuait comme rédacteur ou pigiste aux nombreuses revues théâtrales qui paraissaient à l'époque comme *Nord und Süd* ou *Der Comet*. Lasker-Schüler de son côté était fantasque et généralement dans un état de déprime. Le couple ne dura pas longtemps et en 1912 Walden maria à Londres une riche suédoise du nom de Nell Roslund qui joua un rôle important dans sa vie en soutenant financièrement ses entreprises.

Les activités de Walden dans le domaine de l'écriture et de la musique l'avaient mis en contact avec tout ce que Berlin comptait de personnalités importantes sur la scène artistique, en particulier Karl Krauss (polémiste et écrivain de première force), Peter Behrens, Julius Meier-Graefe, Gottfried Benn (certainement le plus percutant des écrivains expressionnistes), qui tous l'encouragèrent dans son idée de créer une revue d'art. Walden désirait fonder un mensuel qui à la place du journalisme et du feuilletonisme, selon sa propre expression, mettrait en avant la culture. Cette revue ne devait pas être une revue de luxe à la manière de *Pan* ou *Genius* mais un mensuel bon marché et surtout orienté vers la promotion des artistes de l'avant-garde internationale. Le titre *Der Sturm* était une référence implicite à sa première épouse dont l'agitation était bien connue, mais il avait été trouvé par Karl Krauss. Son titre complet était : *Der Sturm, Monatsschrift für künstlerische Entwicklung in Malerei, Skulptur, Architektur und Kunsthandwerk* (La Tempête, mensuel consacré au développement des arts en peinture, sculpture, architecture et artisanat). Le 3 mars 1910 parut le premier numéro de la revue. Elle fut publiée plus ou moins au même rythme mensuel jusqu'en 1932.

Le succès de la revue fut lent à venir, c'est pourquoi Walden eut très rapidement l'idée d'organiser dans ses locaux de Berlin des expositions de l'avant-garde artistique. La première exposition eut lieu en mars 1912 où étaient montrés les travaux du *Blaue Reiter* – les mêmes que ceux qui avaient été brièvement exposés à Cologne – parallèlement à ceux d'Oskar Kokoschka, qui illustrera de nombreuses pages de couverture de la revue *Der Sturm*, et ceux de Franz Flaum et de nombreux expressionnistes. Suivront mois après mois d'autres expositions, en tout dix pour la seule année 1912. Parmi les grands artistes ou mouvements exposés, notons Picasso, Kandinsky, Jawlensky, Marc, Münter, Braque, Derain, Marie Laurencin, Vlaminck, Ensor, Meidner, Gauguin, Campendonk, Friesz et les futuristes italiens. Entre 1912 et le début de la Première Guerre mondiale Walden organisa 28 expositions couvrant toute l'avant-garde.

Bien entendu, ces expositions étaient longuement présentées et discutées dans *Der Sturm*. Mais les expositions qui se tenaient à Berlin circulaient également dans toute l'Europe. Dans une trentaine de villes d'Allemagne d'abord, puis en Angleterre, en Pologne, en Italie, etc.[6] De plus, Walden édita de nombreuses monographies d'artistes : Marc Chagall, Archipenko, Paul Klee, Kurt Schwitters et bien d'autres. Le coup d'éclat de Walden fut cependant son exposition de septembre à novembre 1913 intitulée, *Erster Deutscher Herbstsalon* (Premier Salon d'Automne Allemand). Ce titre, très provocateur pour les autorités en raison de sa résonance avec le Salon d'Automne français, inspira toute l'avant-garde européenne. Les artistes vinrent[7] d'Allemagne bien sûr, mais aussi d'Amérique, de Bohème (maintenant La

[6] Georg Brühl, *Herwarth Walden und der Sturm*, Berlin, Editions Leipzig, 1983, p. 109.
[7] Nell Walden et Lothar Schreyer, *Der Sturm, ein Gedenkbuch an Herwarth Walden und die Künstler des Sturmkreises,* Baden-Baden, Editions Waldemar Klein, 1954, p. 258.

République Tchèque), de France, de Hollande, d'Inde, d'Italie, d'Autriche, de Roumanie, de Russie, de Suisse et d'Espagne. Tout l'art contemporain d'avant-garde était représenté à ce Salon. Le retentissement de l'exposition fut immense et installa durablement les expositions de Walden, la revue *Der Sturm* et ses contributeurs, dans le paysage artistique allemand et surtout berlinois.

La critique de ce Salon fut comme d'habitude assez froide. On reprocha à Walden son manque de cohérence dans le choix de ses artistes. Mais personne ne s'y trompa : l'attaque contre la censure impériale était frontale. Deux facteurs se combinèrent pour protéger Walden de représailles. D'abord, un hebdomadaire, *Die Aktion* (L'action), qui allait connaître un succès comparable à *Der Sturm*, fut lancé à Berlin en 1911 par Franz Plemferts. Ce magazine se voulait essentiellement politique et critique de Guillaume II. Il ne manqua pas de focaliser l'attention de l'administration, laissant ainsi une certaine liberté d'action à *Der Sturm,* qui pouvait alors investir le domaine de la culture. Ensuite, Walden bénéficiait de connexions importantes au sein de la grande bourgeoisie, en raison de son mariage à une suédoise très fortunée, et aussi au sein de la communauté artistique de sorte qu'il était, presque au même titre que Liebermann, difficilement attaquable.

L'activité de Walden durant les années qui mènent à la guerre fut incessante et surprenait tous ceux qui le connaissaient. Sa réputation s'étendit rapidement aux capitales étrangères et on estima qu'en raison de ses activités de galeriste, il constitua l'une des plus importantes collections d'art moderne de son temps. La diffusion de l'art moderne au cœur de l'Allemagne par l'intermédiaire de *Der Sturm* (et bien sûr par des galeries qui, devant le succès rencontré par *Der Sturm* et les expositions de Walden, s'enhardirent à exposer l'avant-garde) renforça l'idée parmi le public cultivé que la Sécession berlinoise avait vécue et devait trouver un nouveau souffle.

Mais elle en fut incapable. Il n'existait pas en son sein de théoricien de l'envergure d'un Kandinsky qui aurait pu théoriser d'une manière convaincante le repli de la Sécession sur l'art quasi académique au nom de la quête d'une identité artistique allemande. Les finances de la Sécession ne permettaient pas de multiplier les expositions à l'infini et surtout d'atteindre la dimension et la diversité artistique de l'exposition de Cologne. Et enfin, son fonctionnement quasi bureaucratique et son manque de souplesse la laissaient désarmée vis-à-vis des activités d'un individu comme Walden. Le rôle de la Sécession berlinoise devint marginal dans l'Allemagne d'après-guerre où elle avait perdu toute influence prescriptrice. Elle fut dissoute en 1934.

Conclusion

Que peut-on retenir de cette longue lutte des artistes d'avant-garde contre la censure officielle ? En premier lieu que la diplomatie pour contourner cette censure a été plus productive que la confrontation comme le montre l'exemple des expressionnistes. Mais cette diplomatie, dans l'Allemagne de Guillaume II, se colore de traits très singuliers. En effet, ce qui lui a permis de fonctionner dans le contexte très éprouvant de l'époque c'est la communauté implicite des intérêts de l'Empereur et de ceux de certains artistes réputés.

Guillaume II, nous l'avons vu, s'appuyait dans l'application de sa politique sur les *Junker* qui, tout en gardant leurs prétentions aristocratiques, s'étaient transformés à la fin du XIXe siècle en bon bourgeois attentifs à leurs intérêts économiques. La bonne marche des affaires était fondée sur la stabilité gouvernementale, donc sur une gouvernance évitant les crises. Et ces bourgeois étaient aussi, pour la plupart, des individus éclairés qui fréquentaient assidument l'élite intellectuelle de l'époque. Toucher à cette élite, c'était simultanément s'attaquer à cette bourgeoisie. De la même manière qu'il aurait été suicidaire pour les artistes en proie à la censure de se confronter directement à l'Empereur, il aurait été malvenu pour ce dernier de se confronter directement à cette élite. On n'inquiète pas sans conséquence les hommes les plus admirés d'Allemagne qui contribuaient par leurs succès économiques, artistiques et littéraires à fortifier la base sur laquelle l'Empereur s'appuyait.

Dans le domaine de la peinture, il s'agissait pour cette élite, nous l'avons vu, d'accroître leurs possessions, mais aussi de s'assurer d'une certaine aura internationale dans le domaine culturel. Or, la vente des tableaux de style académique se montrait particulièrement décevante. De plus, l'affaire de Saint-Louis n'avait pas amélioré la perception de la peinture allemande à l'étranger. Il devint alors nécessaire d'identifier dans la bourgeoisie des personnes dont la fidélité à l'Empereur était hors de doute, mais simultanément plus éclairées en matière artistique, pour faire céder les autorités sur certains principes stylistiques. Ce fut le cas avec l'impressionnisme qu'un intense travail de lobbying rendit, même sous une forme édulcorée, tolérable à défaut d'être franchement accepté par la censure.

La situation se débloqua partiellement sur la base d'un compromis qui demeurera malgré tout assez fragile. Ce compromis était nécessaire pour que les artistes d'avant-garde puissent s'exprimer dans un style nouveau, l'impressionnisme, mais aussi pour que l'Empereur puisse maîtriser le mécontentement des artistes qui risquait de déborder sur l'élite bourgeoise et ainsi mettre en cause la stabilité de sa gouvernance. N'oublions pas que le « Reichstag » avait réagi fortement aux interférences de l'Empereur dans le choix des œuvres envoyées à Saint-Louis. Mais ce type de compromis s'avéra dommageable pour la future avant-garde dans la mesure où leurs ainés, qui avaient ainsi gagné la bienveillance de la censure quant à leurs travaux, jugèrent leur situation assez confortable pour ne prendre aucun risque et donc maintenir, avec succès, le statu quo. Ils refusèrent en conséquence l'accès aux Sécessions à de nombreux jeunes talents engagés dans des mouvements plus radicaux à l'époque comme l'expressionnisme, le futurisme ou même le cubisme. Ainsi, les anciens censurés devinrent-ils censeurs.

Comment aller plus loin que l'impressionnisme sans s'attirer les foudres de l'administration, c'est-à-dire en fait, comment casser le compromis ? Par une technique qui est étrangement proche de celle qu'on appellerait de nos jours une campagne de communication. Comme les nouveaux styles qui succédaient à l'impressionnisme étaient, dans le contexte de l'époque, très radicaux il n'était pas question de demander aux autorités une modification du compromis existant. Comme nous l'avons vu, la politique de l'Empereur en matière de peinture était de mettre à la disposition de la population un art pour tous. Cet art, nous le savons, était un art réaliste qui représentait, en effet, une réalité, celle imposée par l'Empereur, celle des classes bourgeoises riches et des officiers de l'armée, un art de classe donc. L'art que ces jeunes artistes élaboraient était, pour l'Empereur, un art exclusivement destiné à l'élite cultivée, c'est-à-dire, un art qui n'était pas politiquement correct.

Ainsi, la stratégie de contournement s'imposait d'elle-même. Il s'agissait de convaincre cette élite que cet art était en fait plus proche de l'esprit du siècle, donc de la réalité expérimentée par tous, que l'art pour tous qui ne représentait qu'un art dévolu à peindre un état fantasmé de la société. Simultanément, il ne fallait pas perdre de vue qu'un mouvement comme *Die Brücke,* qui avait aussi tenté de rapprocher l'art du peuple, l'avait fait d'une manière si malencontreuse que son succès, à l'époque, avait été quasiment nul. Inutile donc d'imposer un art, selon la formule de Nietzsche, « à coup de marteau ». De plus, il fallait également s'éloigner de Berlin, en tous cas dans un premier temps, en espérant que cet art réellement d'avant-garde pour l'époque soit d'abord assimilé par les élites locales avant de migrer par diffusion lente vers Berlin où la censure se heurterait frontalement à des élites convaincues de la pertinence de ces mouvements picturaux. On se trouverait ainsi dans le même rapport de force que celui qui avait prévalu lors de la création de la Sécession berlinoise.

La première étape de la mise en œuvre de cette stratégie de contournement doit être mise au crédit des expressionnistes rhénans. Les artistes de ce mouvement parvinrent, à travers leurs travaux moins agressifs que ceux du groupe *Die Brücke*, à nouer des contacts avec l'élite culturelle de Rhénanie du Nord-Westphalie et à travailler au corps la Sécession munichoise, moins rétive à exposer des œuvres d'avant-garde. Ils inondèrent les principales galeries d'Allemagne de leurs travaux et mobilisèrent pour la défense de leur art les plus grands historiens d'art de l'époque. Le résultat fut que toutes les régions encerclant sur leurs fronts ouest et sud la ville de Berlin pouvaient être considérées comme gagnées aux nouvelles tendances de la peinture. L'exposition de Cologne de 1912, qui offrait au public un panorama complet de l'avant-garde européenne, se chargea de convaincre les plus récalcitrants de la valeur de ces travaux. La résistance du bastion conservateur berlinois s'affaiblit considérablement sous les coups de boutoir du *Blaue Reiter* et de la propagande de Herwarth Walden.

Der Blaue Reiter, en effet, joua dans la mise en cause de la censure un rôle important. Non seulement il produisit des œuvres d'une grande originalité mais il se positionna également en faveur du sens universel de l'œuvre d'art. Il se confronta ainsi directement à l'art académique et à ses prétentions de paradigme incontournable. Wassily Kandinsky condamna les têtes d'affiche de l'art allemand de son époque en dénonçant leur affairisme et leur goût pour les choses matérielles. Mais surtout, il ouvrit une discussion sur ce que l'art devait être qui reléguait au rang de principe obsolète la conception impériale de l'art. Ses écrits firent l'effet d'une bombe au sein de la communauté artistique.

De son côté, Herwarth Walden créa la revue *Der Sturm,* bien décidé à ne promouvoir que l'art d'avant-garde. C'était un vrai pied de nez à l'Empereur dans la mesure où Walden avait installé la rédaction de sa revue - et bientôt sa galerie - au cœur de Berlin. Pouvait-on cependant fermer un journal au titre que son contenu non politique ne convenait pas à l'Empereur ? Le « Reichstag » n'était pas disposé, comme nous l'avons vu, à accepter une telle limitation de la liberté d'expression dans le domaine culturel. Adulée ou haïe, distribuée dans toute l'Allemagne, la revue *Der Sturm*, comme son nom l'indique, balaya tout sur son passage et ridiculisa l'art officiel et même les vieilles gloires comme Liebermann ou Slevogt. Pour la censure officielle le coup vint de là où elle l'attendait le moins et de ce que l'Empereur manquait le plus : de l'esprit. Celui porté par les écrits de Kandinsky et la revue *Der Sturm.*

L'histoire de la naissance de la peinture moderne en Allemagne à la fin du XIXe siècle et début du XXe siècle est en fait, par son combat contre toute forme de censure, une histoire moderne. Il est regrettable que les historiens d'art n'aient porté à ce constat que peu d'attention. On ne retient souvent de cette période de l'histoire de l'art en Allemagne que le mouvement expressionniste, alors que ce dernier a été peu remarqué dans la période de son développement. C'est par une sorte d'anachronisme qu'on le considère maintenant comme un mouvement sorti tout armé d'un contexte artistique languissant. Rien n'est plus faux. Il y a, comme nous l'avons montré, une continuité entre les travaux de Böcklin et ceux de ses successeurs qui peut se résumer en quelques mots : le combat pour les libertés, que ce soit la liberté du geste artistique, la liberté du « Je » ou la liberté contre la censure.

On n'arrête pas Voltaire, disait de Gaulle en 1968 en se référant à Jean-Paul Sartre alors que ce dernier soufflait sur les braises de la révolution de 1968. On n'enferme pas l'esprit, c'est à quoi aurait dû réfléchir l'Empereur Guillaume II. Son illustre aïeul, Frédéric II de Prusse, s'y était essayé aux dépens de sa réputation de despote éclairé. Son descendant ne fut pas plus heureux. L'art est liberté pure.

Annexe

Bref aperçu de la situation politique en Allemagne avant la Première Guerre mondiale

Les tensions qui parcouraient la société allemande de la fin du XIXe siècle ne trouvaient aucun exutoire dans la structure politique en place. Bien au contraire. L'Empereur Guillaume II, plutôt que d'ajuster les institutions aux aspirations et revendications des classes émergentes, y répondit par l'excès de contrôle et de contrainte. De sorte que cette situation engendra un vrai paradoxe : alors qu'on associe, en général, puissance économique et puissance souveraine, la puissance économique de l'Allemagne fit en quelque sorte éclater sa puissance politique. Certes, la figure tutélaire de Bismarck, son volontarisme, son opportunisme politique et les succès militaires de l'Allemagne sur le Danemark, l'Autriche et la France, faisaient de ce pays un État fort et respecté. Mais les successeurs de Bismarck, aiguillonnés par l'Empereur Guillaume II, dilapidèrent cet héritage de sorte que vers 1914 l'Allemagne se trouvait isolée sur la scène politique internationale.

En effet, encouragé par la puissance industrielle de son pays, l'Empereur Guillaume II poursuivit obstinément une politique à caractère impérialiste. Il s'obstina, par exemple, à développer une large flotte navale, ce qui ne manqua pas de susciter, à juste titre, la suspicion de la Grande-Bretagne quant aux intentions pacifiques de l'Allemagne. De même, l'interdiction qu'il fit à la Russie de rechercher des sources de financement en Allemagne - ceci pour faciliter l'obtention de financements nationaux pour les cartels industriels allemands - position qui fut totalement incomprise et qui lui aliéna un partenaire économique traditionnel. La Russie, en effet, avait tout au long du XIXe siècle été un emprunteur majeur en Allemagne. Enfin, l'affaiblissement de l'Autriche-Hongrie, consécutive à la guerre voulue par Bismarck - qui cherchait à compenser systématiquement les maux sociaux engendrés par les succès économiques internes par des victoires extérieures - avait considérablement affaibli cet Empire, autre allié traditionnel de l'Allemagne.

Mais c'est surtout vers la politique intérieure qu'il faut se tourner pour identifier les failles profondes de la structure politique allemande de la fin du XIXe siècle. Bismarck fut appelé au poste de Chancelier par le Roi de Prusse, Guillaume I, en 1862, probablement sur la base d'un malentendu (en tous cas ce ne fut pas sans certaines réserves qui furent toujours présentes chez l'épouse de Guillaume I, la Princesse Augusta, de la dynastie libérale de Weimar). Pour comprendre l'essentiel de la position de Bismarck jusqu'à son renvoi en 1890, il est impératif de rappeler que la Révolution française de 1848 avait soulevé une vague d'espoir démocratique dans toute l'Europe. La Prusse, qui constituait alors le Royaume le plus puissant de la Confédération germanique, ne fut pas épargnée.

Cette Confédération germanique avait été créée à l'occasion du traité de Vienne de 1815. Elle était à l'époque constituée de trente-cinq principautés indépendantes, dont l'Autriche et quatre villes libres. À la suite de la guerre austro-prussienne de 1866, elle fut dissoute. De 1867 à 1871 fut créée, sous l'impulsion de

Bismarck dont l'unification de l'Allemagne était son cheval de bataille, une Confédération de l'Allemagne du Nord qui cessa d'exister avec la création de l'Empire allemand en 1871.

Pour mettre fin à l'agitation qui s'empara du Royaume en 1848, le roi de Prusse, alors Frédéric Guillaume IV, accorda à la Confédération de l'Allemagne du Nord une constitution, faite à sa main, mais qui permettait, selon l'expression de ses conseillers, de réconcilier la monarchie avec le peuple. Cette constitution du 5 décembre 1848 était copiée essentiellement sur celle de la constitution belge de 1830. Elle octroyait des droits importants aux individus, reconnaissant la liberté de culte, d'association et des opinions politiques. Elle instaurait une représentation nationale avec deux chambres : la chambre haute, « Herrenhaus », et la chambre basse, « Reichstag », et des gouvernements locaux issus du suffrage universel direct. Cependant, et c'est là le point crucial, elle laissait une place prépondérante à la monarchie. La source du pouvoir ne se trouvait donc pas dans les citoyens mais dans une autorité de droit divin.

Cette constitution déjà peu démocratique, le Roi de Prusse n'entendait probablement pas la respecter. Le premier accroc au contrat consista dans le remaniement de la chambre haute. Le Roi Frédéric Guillaume IV imposa un changement dans les conditions d'élection de cette chambre, modification qui assura une surreprésentation de la noblesse terrienne : les *Junker*. Ceux-ci firent immédiatement tout leur possible pour limiter les pouvoirs des nouvelles assemblées locales élues au suffrage direct, ce qui ne manqua pas de susciter de nombreuses frictions.

Le second accroc à cette constitution et probablement le plus important concerna la question militaire. L'armée prussienne était l'une des plus fortes d'Europe et elle était entièrement dévouée au Roi. C'est elle qui avait largement contribué à restaurer la paix civile et l'ordre dynastique au lendemain de la révolution avortée de 1848. Sa structure de commandement, extrêmement pyramidale, incluait quasiment exclusivement des officiers issus de la noblesse terrienne. Son statut social en était ainsi renforcé et elle constituait donc le corps d'élite de la nation. Maintenir ses privilèges et sa cohésion, la renforcer même, voilà quel était le but de la politique de Frédéric Guillaume IV et de son successeur Guillaume I en matière militaire.

Pour atteindre cet objectif, l'obsession de Guillaume I était de porter la période de service militaire de deux à trois ans, période indispensable selon lui pour former de solides combattants. Cette conviction n'était pas partagée par la chambre basse qui détenait le pouvoir de refuser le budget nécessaire à cette prolongation du temps de service actif des recrus. La querelle s'élargit à d'autres points de la politique autoritaire du monarque et s'envenima à tel point que Guillaume I menaça d'abdiquer. C'est dans ces circonstances que Bismarck fut appelé à la Chancellerie avec l'espoir que son caractère bien trempé (il était appelé par ses collègues : *le Junker fou*) fasse plier la chambre basse. Mais Bismarck lui-même n'était pas convaincu du point de vue du Roi de Prusse. Cela le Roi semblait l'ignorer à l'époque où il le nomma. En effet, si Bismarck ne questionnait aucunement l'autorité monarchique, il n'était cependant pas hostile à l'octroi de droits constitutionnels limitant dans certains domaines l'autorité monarchique. Ainsi en fut-il par exemple de l'indépendance accordée à la culture où chaque principauté pouvait élaborer sa propre politique indépendamment des préférences du Roi. Cela explique la précocité de la Sécession de Munich par rapport à celle de Berlin, le ministère de la Culture de Prusse dépendant directement du Roi et après 1871 de l'Empereur.

Ainsi, toute la politique de Bismarck consista-t-elle à trouver des équilibres savants entre la volonté du pouvoir central et les aspirations des gouvernements locaux. La question militaire qui l'avait amené à la Chancellerie se trouva réglée par un compromis. Le résultat de ces manœuvres souvent subtiles, quelquefois brutales, fut le vote le 1 juillet 1867 d'une constitution nouvelle octroyée à la Confédération de l'Allemagne du Nord qui resta pratiquement inchangée de la création de l'Empire à la Première Guerre mondiale. Cette constitution reconnaissait la primauté de la Prusse et de son régime monarchique tout en écartant le « spectre » d'un régime parlementaire par le biais de concessions politiques et budgétaires faites à la chambre basse. Un tel régime, croisement très singulier d'une monarchie absolue et d'une monarchie constitutionnelle, ne pouvait fonctionner que si les deux parties se prêtaient au jeu du compromis. Bismarck devait sans cesse convaincre Guillaume I de la justesse de ses points de vue et de l'efficacité de sa politique de conciliation.

Et s'il se trouva que Guillaume I se laissa toujours convaincre, ce ne fut nullement le cas de son fils et successeur, Guillaume II, qui selon son propre père était incompétent et vain. Infligé d'un défaut physique qui semblait faire injure à son aura de monarque, Guillaume II surcompensa sa faiblesse physique et de caractère par un autoritarisme ombrageux qui conduisit l'Allemagne à cet isolement dont nous avons parlé. La faiblesse de l'équilibre savant de la constitution de 1867, reprise en bloc en 1871, apparaît alors au grand jour. Avec Guillaume II la monarchie de droit divin, la suprématie de l'armée et l'autoritarisme politique étaient complètement restaurés. Et, ironie de l'histoire, Bismarck, que l'Empereur Guillaume II avait remercié en 1890, avait bien préparé le terrain pour un tel régime. Il avait lui-même purgé l'administration, la justice et les universités de tous les éléments hostiles à la monarchie, fait la guerre, *Kulturkampf* (guerre culturelle), à l'Église catholique, jugée moins fiable politiquement que l'Église protestante, et promulgué une loi contre l'établissement d'un parti socialiste qui renvoya pour longtemps l'opposition socialiste dans la clandestinité.

Table des matières

Structures éditoriales du groupe L'Harmattan

L'Harmattan Italie
Via degli Artisti, 15
10124 Torino
harmattan.italia@gmail.com

L'Harmattan Hongrie
Kossuth l. u. 14-16.
1053 Budapest
harmattan@harmattan.hu

L'Harmattan Sénégal
10 VDN en face Mermoz
BP 45034 Dakar-Fann
senharmattan@gmail.com

L'Harmattan Cameroun
TSINGA/FECAFOOT
BP 11486 Yaoundé
inkoukam@gmail.com

L'Harmattan Burkina Faso
Achille Somé – tengnule@hotmail.fr

L'Harmattan Guinée
Almamya, rue KA 028 OKB Agency
BP 3470 Conakry
harmattanguinee@yahoo.fr

L'Harmattan RDC
185, avenue Nyangwe
Commune de Lingwala – Kinshasa
matangilamusadila@yahoo.fr

L'Harmattan Congo
67, boulevard Denis-Sassou-N'Guesso
BP 2874 Brazzaville
harmattan.congo@yahoo.fr

L'Harmattan Mali
ACI 2000 - Immeuble Mgr Jean Marie Cisse
Bureau 10
BP 145 Bamako-Mali
mali@harmattan.fr

L'Harmattan Togo
Djidjole – Lomé
Maison Amela
face EPP BATOME
ddamela@aol.com

L'Harmattan Côte d'Ivoire
Résidence Karl – Cité des Arts
Abidjan-Cocody
03 BP 1588 Abidjan
espace_harmattan.ci@hotmail.fr

Nos librairies en France

Librairie internationale
16, rue des Écoles
75005 Paris
librairie.internationale@harmattan.fr
01 40 46 79 11
www.librairieharmattan.com

Librairie des savoirs
21, rue des Écoles
75005 Paris
librairie.sh@harmattan.fr
01 46 34 13 71
www.librairieharmattansh.com

Librairie Le Lucernaire
53, rue Notre-Dame-des-Champs
75006 Paris
librairie@lucernaire.fr
01 42 22 67 13

www.ingramcontent.com/pod-product-compliance
Lightning Source LLC
LaVergne TN
LVHW010431230826
846092LV00009BA/1125
9782343254951